「伝わる日本語」練習帳

阿部圭一・冨永敦子 著

語

文

パラグラフ

構成

文書

近代科学社

◆読者の皆さまへ◆

平素より，小社の出版物をご愛読くださいまして，まことに有り難うございます．
㈱近代科学社は1959年の創立以来，微力ながら出版の立場から科学・工学の発展に寄与すべく尽力してきております．それも，ひとえに皆さまの温かいご支援があってのものと存じ，ここに衷心より御礼申し上げます．
なお，小社では，全出版物に対してHCD（人間中心設計）のコンセプトに基づき，そのユーザビリティを追求しております．本書を通じまして何かお気づきの事柄がございましたら，ぜひ以下の「お問合せ先」までご一報くださいますよう，お願いいたします．

お問合せ先：reader@kindaikagaku.co.jp

なお，本書の制作には，以下の各プロセスに関与いたしました：

- 企画：小山　透，山口幸治
- 編集：安原悦子，高山哲司
- 組版：安原悦子＋中央印刷（InDesign）
- カバー・表紙デザイン：川崎デザイン
- 印刷，製本，資材管理：中央印刷
- 広報宣伝・営業：山口幸治，東條風太

●本書に記載されている会社名・製品名等は，一般に各社の登録商標または商標です．本文中の©，®，™等の表示は省略しています．

- 本書の複製権・翻訳権・譲渡権は株式会社近代科学社が保有します．
- JCOPY〈(社)出版者著作権管理機構　委託出版物〉

本書の無断複写は著作権法上での例外を除き禁じられています．
複写される場合は，そのつど事前に（社）出版者著作権管理機構（https://www.jcopy.or.jp, e-mail: info@jcopy.or.jp）の許諾を得てください．

はじめに

この本は誰のために、どのような目的で書かれているか

　この本は、社会人と大学生を対象としています。
　仕事の中で書かなければいけないさまざまな文章が題材です。大学生の場合は、勉強やサークル活動、将来社会人としてする仕事も含めます。
　それらの文章を、他人に正確に情報が伝わるように書くための練習をします。

　図1に、日本語の文章の大分類を示します。大きく分けて、文学的な文章と、情報を正確に伝えることが主目的である文章とがあります。後者をこの本では「伝わる日本語文章」、略して「伝わる文章」と呼びます。文学的な文章では、情報そのものよりも情緒や感情を伝えることが主な目的です。読み手がいだく情緒・感情は人ごとに違うのが普通です。これにたいして、「伝わる文章」では、どの読み手にも情報ができるだけ正確に伝わる必要があります。

　「伝わる文章」は、さらに、レポート・論文とビジネス文書に分けられます。大学などにおける文章作成指導は、レポート・論文の書き方を中心とすることが多いと思います。しかし、学生は卒業すると、レポート・論文よりも、社会人とし

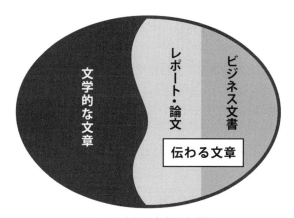

図1　日本語の文章の大分類

て、メールを含むさまざまなビジネス文書を書く機会のほうが多くなります。

　この本は、「伝わる文章」、すなわち、レポート・論文とビジネス文書に共通する基礎にあたる技法を習得することを目指しました。この本のタイトル『「伝わる日本語」練習帳』は、大野晋先生の名著『日本語練習帳』（岩波新書、1999年）に倣ったものです。大野先生の練習帳は、図1に示す日本語文章全体を対象としたものでした。それにたいして、この本は図1の右半分の文章に絞った練習帳です。例題とその解答例を読み、そのあと自分で演習課題に解答するという、徹底した演習形式になっています。

　上の説明からわかるように、この本が対象とする読者は、学生と社会人[1]です。学生は日々の勉学やサークル活動などのなかで他人に伝えるための文章を書く機会が多いと思います。社会人の方には、日々の仕事のなかで同僚や関係先に伝えるための文章を書くのに役立つと信じます。学生はまた、将来社会人になるという意味でも、この本で「伝えるための日本語文章」の書き方を練習しておくとよいでしょう。文章を書くときだけでなく、話すときにも応用できる技法もたくさん学びます。

最初の例題

　さっそくですが、次の例題を考えてみましょう。

| 例題 | 次の文章を読んで、わかりにくいと感じる点を指摘してください。どのように直せばわかりやすくなるでしょうか？ |

臨時大学祭実行委員会開催のお知らせ

前回、来年の大学祭開催日程を10月10日（金）- 13日（祝）と決めましたが、

---

[1] 教員および企業等の教育担当者向けに、別途「インストラクション・ガイド」を用意しています。授業やセミナー・講習会でこの本を活用する方法や例を説明しています。なお、「インストラクション・ガイド」にもB群の演習（ivページ参照）の解答例は載せていません。

> その後、○○市がこれと重なる日程で新たに「秋のフェスティバル」を催す計画であることがわかりましたため、開催日程を練り直す必要があります。年末で皆さん忙しいと思いますが、12月20日（金）午後4時から部室で開きますので、万障繰り合わせて出席してください。どうしても都合の悪い人は、来期の実行委員長須賀郁恵（090-0876-xxxx）または副実行委員長田中一郎（080-5432-yyyy）まで連絡してください。

例題　解答例：問題点の指摘

　上に示した文章の問題点を、該当する箇所に下線を引き、番号を付けて説明します。なお、この問題点の指摘や次の改善例は解答の一例です。一般に、伝わる日本語文章を書くための演習問題に**ただ一つの「正解」はありません**。

> ① 臨時大学祭実行委員会開催のお知らせ
>
> 　② 前回、来年の大学祭開催日程を 10 月 10 日（金）-13 日（祝）と決めましたが、その後、○○市がこれと重なる日程で新たに「秋のフェスティバル」を催す計画であることがわかりましたため、開催日程を練り直す必要があります。年末で皆さん忙しいと思いますが、③ 12 月 20 日（金）午後 4 時から部室で開きますので、万障繰り合わせて出席してください。どうしても都合の悪い人は、④ 来期の実行委員長須賀郁恵（090-0876-xxxx）または副実行委員長田中一郎（080-5432-yyyy）まで連絡してください。

① 漢字が 12 文字連続しているため、一読しただけでは意味がつかみにくいです。「臨時の大学祭実行委員会の開催のお知らせ」とすれば、少しは良くなりますが、3 つの「の」でつながれた表題はやはりわかりにくいと感じます。「臨時の大学祭実行委員会　開催のお知らせ」のほうがまだ良いでしょう。

② 文が長すぎるため、わかりにくくなっています。

③ 最も重要な情報は、「12 月 20 日（金）午後 4 時から部室で開きます」です。これを最初に持ってくるべきです。また、箇条書きにすると見やすくなります。文章そのものの問題ではありませんが、終わりの予定時刻も書いておくほうがよいでしょう。

④ これでも構いませんが、ここも箇条書きにする手もあります。

この中で、最も重大な問題は③です。これらの問題点を改善した例を次に示します。

例題　解答例：問題点を改善した文章

臨時の大学祭実行委員会　開催のお知らせ

日時：12月20日（金）午後4時から　午後5時頃までの予定
場所：部室
議題：来年の大学祭開催日程の再検討
理由：前回決めた来年の大学祭開催日程 10月10日（金）-13日（祝）は、○○市が来年新たに催す「秋のフェスティバル」と重なることがわかりました。来場者の減少が懸念されます。

　万障繰り合わせて出席してください。どうしても都合の悪い人は、
来期の実行委員長　　須賀郁恵　090-0876-xxxx
来期の副実行委員長　田中一郎　080-5432-yyyy
のどちらかに連絡してください。

この本の使い方

　例題の問題点として指摘したように、他人に何かを伝える文章では、伝わりやすさや理解しやすさを妨げるさまざまな問題が発生します。この本は、そのような問題を系統的に拾い出し、読者の皆さんと一緒に考えていくという方針で作りました。そのために、多くの例題と演習問題を用意してあります。

　この本では、各節で例題を説明した後、なるべく2つ以上の演習問題を出すようにします。**A という記号をつけた演習問題は、章末に解答例を示します。**自分で考えた後、章末の解答例と比べてみてください。**B という記号をつけた演習問題には解答を示しません。**読者自身で適切な解答を見つけてください[2]。

伝わる日本語文章とは何か

　伝わる日本語文章とは、次の3つの条件を満たす日本語文章です。
1. 伝えたい内容が正確に伝わる
2. 速く読め、理解できる
3. できるだけ読み手の負担にならないようにする

　3は、ここはどういう意味かと迷ったり、前のところをもう一度読まなければならなかったりといった、余計な負担を少なくすることを目標とします。1〜3のどれも、大学や実社会における事務的な仕事（オフィス・ワーク）の能率を上げます。

この本の構成

　文章の伝わりやすさや理解しやすさを妨げる問題は、いろいろなレベルで起こり、また、重要度もさまざまです。
　まず、レベルについて考えてみましょう。この本では、「伝わる日本語文章」を書くための技術を、次の4つのレベルに分けて各章で論じます。
1. 語のレベル
2. 文のレベル
3. パラグラフなど、文よりは大きく文章全体よりは小さい、中間レベル
4. 文章の全体構成のレベル

　1から4の順に、扱う単位が大きくなっていきます。
　さらに、5章で文章を文書の形にするときに有用な技法を扱います。

2　大学教育や社員教育では、B群の演習問題の解答を提出させたり、各人の解答をもとに議論させたりという使い方ができます。

次に、重要度について考えましょう。伝わりやすさを妨げる問題は、上記の 1 から 4 へレベルが上がるにつれて影響が大きくなるという傾向があります。したがって、問題のある文章を改善したとき、その問題が大きい単位の問題であるほど、改善の効果は高くなります。もちろん、これは一般論ですから、重要度は個々の問題に依存します。

　例題の文章の問題点①〜④を上の 4 つのレベルに分けてみましょう。分け方には多少の任意性がありますが、この本では次のように分類します。

① 漢字で表された語が連続している問題でした。複数の語にまたがる問題ですが、語のレベルと考えます。
② 文のレベルです。
③ 全体構成のレベルです。ですから、最も重要な問題なのです。箇条書きは中間レベルに分類します。
④ 箇条書きに関することなので、中間レベルです。

　この本では、上の 1 から 4 への順、つまり、語のレベル、文のレベル、中間レベル、全体構成のレベルの順に考えていくことにします[3]。ここで「おやっ」と思われた方がいるかもしれませんね。重要度の逆順になっているではないかと。そうです。本来は、重要なレベルから順にお話しすべきです。先ほど挙げた問題点③を思い出してください。**重要なことから順に書く**というのは、「伝わる日本語文章」を書くための鉄則です。それにもかかわらず、この本では、細かい単位のレベルから大きな単位のレベルに上がっていくことにしました。理由は、読者の皆さんが取りつきやすいところからと考えたからです。いまでは、文章を自分で文書の形に印刷したり表示したりすることも多いので、最後の 5 章で文書への仕上げについて学びます。

　なお、この本では、日本語文章を書くうえでの次のような基本的注意には触れ

---

[3] ただし、中間レベルを扱う 3 章では、パラグラフの組み立て方だけを考えます。箇条書きは 5 章で採り上げます。4 章で全体の文章構成について学ぶのを急ぎたいからです。

ません。その段階はもう卒業していると仮定しています。
- 用字や用法
- 文法の誤り
- 「である」体と「です」「ます」体の混用
- フォーマルな文章における、くだけた口語的表現の使用

　この本の目的から外れるので、敬語については扱いません。他人の文章やウェブページから勝手にコピー＆ペーストしてはいけないことや、引用する場合のルールについても述べません。また、それぞれの専門分野に特有な書き方も、この本の範囲外です。それらについては、別途学んでください。

　お待たせしました。それでは、語のレベルの練習へどうぞ！

目　次

はじめに i

1章　適切な語を選ぼう　　1

1.1　1つの語は1つの意味で使う 2
1.2　1つの概念は1つの語で表す 3
1.3　広すぎない、狭すぎない語を使う 5
1.4　定性的な形容詞・副詞は避ける 7
1.5　読み手が理解できる語を使う 9
1.6　カタカナ語を乱発しない 11
1.7　漢字を使いすぎない 12
1.8　「これ」「それ」「あれ」の指すものは明確に 16
1.9　「の」を書き分ける 17
　　　コラム　「の」以外の助詞にも注意する 21
1章のまとめ 22
1章［演習］解答例 23

2章　まぎれのない簡潔な文を書こう　　25

2.1　1つの文には1つのことを 26
2.2　文は短く ── その1　中止法を使わない 27
2.3　文は短く ── その2　接続助詞「が」の使いかた 30
2.4　文は短く ── その3　長すぎる修飾語句をやめる 31
2.5　文は短く ── その4　埋め草を削る 34
2.6　主語があいまいな文を書かない 35
2.7　受身の文は能動にする 36
2.8　否定はなるべく使わない、使うときは気をつける 37

- 2.8.1 二重否定は避ける ... 37
- 2.8.2 全否定か部分否定か ... 38
- 2.8.3 「ように」と否定を組み合わせない ... 38
- 2.8.4 なるべく肯定文で書く ... 38
- 2.9 修飾関係に注意を ... 39
  - 2.9.1 あいまいな修飾関係を作るな ... 39
  - 2.9.2 長い修飾語句を前に、短い修飾語句を後に ... 42
  - 2.9.3 修飾する先がない修飾語句をつくらない ... 44
- 2.10 読点を適切に打つ ... 45
- 2章のまとめ ... 50
- 2章 [演習] 解答例 ... 51

3章 パラグラフを組み立てよう　55

- 3.1 パラグラフの組み立て方を学ぶ ... 56
- 3.2 1つのパラグラフは1つの主題について記述する ... 56
- 3.3 トピック文をパラグラフの先頭に書く ... 59
- 3.4 必要十分なサポート文を書く ... 61
- 3.5 なぜ、その主張が成り立つのかを丁寧に説明する ... 65
- 3.6 意見と事実を明確に書き分ける ... 67
- 3.7 説明の順番を考える ... 70
- 3.8 接続語句を使って文と文との関係を明確に表現する ... 73
- 3.9 同じ語句を使って文と文とをつなげる ... 76
- 3章のまとめ ... 80
- 3章 [演習] 解答例 ... 81

4章 文章全体の構成を考えよう　85

- 4.1 文章の目的と内容を絞る ... 86
- 4.2 全体像を先に示す ... 89
- 4.3 重点先行で書く ... 94
- 4.4 タイトルや見出しに知恵を絞る ... 96
- 4.5 「全体像を先に示す」と「重点先行」を応用する ... 99

4.6　総論−本論−結論 …………………………………………… 102
　　　コラム　　起承転結はダメ ……………………………… 106
4.7　情報をグループ化して並べ、ストーリーを作る ………… 108
　　　コラム　　2次元の材料メモから1次元の文章へ ……… 113
4章のまとめ ……………………………………………………… 114
4章［演習］解答例 ……………………………………………… 115

5章　文書への仕上げを考えよう　　119

5.1　文章と文書の違い …………………………………………… 120
5.2　箇条書きを駆使する ………………………………………… 121
5.3　表と図を活用する …………………………………………… 125
　　5.3.1　表の活用 ……………………………………………… 125
　　5.3.2　図の活用 ……………………………………………… 127
5.4　統一性を保つ ………………………………………………… 128
5.5　文書のレイアウト …………………………………………… 131
5章のまとめ ……………………………………………………… 136
5章［演習］解答例 ……………………………………………… 137

おわりに …………………………………………………………… 139

付録　チェックリスト …………………………………………… 145

索引 ………………………………………………………………… 149

1 章

適切な語を選ぼう

1.1　1つの語は1つの意味で使う
1.2　1つの概念は1つの語で表す
1.3　広すぎない、狭すぎない語を使う
1.4　定性的な形容詞・副詞は避ける
1.5　読み手が理解できる語を使う
1.6　カタカナ語を乱発しない
1.7　漢字を使いすぎない
1.8　「これ」「それ」「あれ」の指すものは明確に
1.9　「の」を書き分ける

1.1　1つの語は1つの意味で使う

例題 1.1　次の例文を読んで、良くないと思う点を見つけてください。
（ヒント：この節のタイトルは？）

> お尋ねの保守契約の種類に関する情報は、弊社のホームページに記載されています。
> 　弊社のホームページ　http://・・・
> から「サービス」タブをクリックしていただき、再度「保守契約」をクリックしてください。

他人にわかりやすく伝えるには、1つの言葉（語）は一通りの意味で用いるのが原則です。これを一語一義と言います。上の例は、その原則に違反しています。

例題 1.1　解答

1行目の「ホームページ」と3行目の「ホームページ」では意味が違います。もともと、ホームページというのは、企業や個人が作った一まとまりのウェブページの入口に当たるページを指していました。しかし、すべてのウェブページをホームページと呼ぶ使い方も出てきたために、二通りの意味を持つことになってしまいました。

1行目のホームページは一般のウェブページの意味、3行目のホームページは入口のページの意味ですね。1行目のホームページを入口のページと受けとってしまった人は、3行目で「えっ、ホームページに記載してあるんじゃないの？」と、首をかしげるかもしれません。

例題 1.1　解決法

1行目の「ホームページ」を「ウェブページ」か「ウェブサイト」に変える。

では、次の 3 つの演習問題では、どの語が 2 つの意味で使われているかを指摘し、どのように直せばよいか、考えてください。

> **演習 1.1 A1**
>
> 　大学教授の K 氏の文はわかりにくいことで有名です。それは、主に次の 3 点によると思います。
> 1. 1 つの文が長い
> 2. 文と文との関係がわかりにくいので、論旨をたどれない
> 3. 専門用語を説明なしに多用している

> **演習 1.1 A2**
>
> 　農産物のサンプル調査において基準値を上まわる残留農薬を確認した。再発防止のため、品質管理の体制を強化することを関係者間で確認した。

> **演習 1.1 B**
>
> 　前回、5 つの数を読み込んでその合計を求めるプログラムを作りました。データの数が 5 つとは決まっていなくて、何個のデータであっても合計を求められるプログラムを、次に考えてみましょう。

1.2　1 つの概念は 1 つの語で表す

　前節では、1 つの語を二通り（以上）の意味で使わないほうがよいことを学びました。「一語一義」には、もう 1 つの側面があります。1 つのものごと（概念）は同じ語句（表現）で書き表すというルールです。例を見てみましょう。

> **例題 1.2**　次の文章で、まずい点に気づきますか？
>
> 　この調査によると、ネット依存の疑いの強い中高生の割合は、男子 6.4%、女

子 9.9% である。ヨーロッパ 12 カ国の 15 歳児について、同じ調査票を用いて調べた結果は、ネット依存の疑いの濃い割合は、男子 5.2%、女子 3.8% であった。日本の子どもたちのネット依存が深刻であることがわかる。

例題 1.2 解答

1 行目では「ネット依存の疑いの強い」という表現が、3 行目では「ネット依存の疑いの濃い」という表現が用いられています。この 2 つは同じことを指しているのでしょうか？ 同じことを指している（事実そうです）のならば、表現を統一すべきです。

文章表現技法として、同じ言葉や表現を繰り返すと単調な感じになるので、わざと言葉を変えるというテクニックがあります。文学的文章や新聞・雑誌の文章ではよく使われます。しかし、伝わる日本語文章では、同じものごとを表すのには同じ語を用いることをお勧めします。単調になったり、くどくなったりしても、やむを得ません。

では、次の 2 つの例文では、どこが問題でしょうか？

演習 1.2 A

理科離れを解決するには、小学校における理科教育を改善する必要がある。具体的な改善策としては、〜〜〜〜。このように、理科学習を改善することにより、理科離れを解決できる。

演習 1.2 B

工場見学にあたっては、次の 3 つの規則に従ってください。まず、黄色に塗られた見学コース内だけを通ってください。2 つ目に、働いている人に話しかけないでください。3 つ目に、写真を撮ることは原則として禁止されています。これらの注意を守って、実りある見学をしていただくようお願いします。

1.3 広すぎない、狭すぎない語を使う

例題 1.3 次の文は、社内報に載った新入社員の自己紹介の一部です。問題点を指摘してください。

> 私の趣味は楽器の演奏と旅行です。

例題 1.3 解答

「楽器の演奏」と「旅行」ではあまりにも広すぎて、どんな趣味なのか具体的に伝わりませんね。もっと限定した語を使うか、説明を補うべきです。たとえば、

　私の趣味は、フルートの演奏とヨーロッパの古都への旅行です。

などとすれば、趣味の内容が具体的によく伝わるでしょう。

「楽器」を「フルート」に置き換えたことについて考えてみましょう。

図2に「楽器」と「フルート」を含む語の体系を示します。線で結ばれた2つの語のうち、上にあるのが上位概念、下にあるのが下位概念です。上位概念は下位概念を含むもっと広い概念を表しています。逆に言えば、下位概念は上位概念の一部とか特殊な場合を表しています。つまり、フルートは木管楽器の一種、

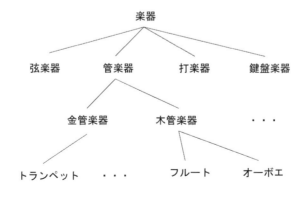

図2　楽器関係の語にたいする概念の木

木管楽器は管楽器の一部、管楽器は楽器の一部、というわけです。このような概念の上下関係を**概念の木**（ツリー）と呼びます。専門的にはシソーラスと言います。このほかに、洋楽器・和楽器という分け方もありますので、語の関係を表す図はもっと入り組んだものになります。

文章中の鍵になるような語を選ぶときには、このような概念の木を思い浮かべます。木の中の語の上下関係、すなわち広い意味の語と狭い意味の語の中で、自分が言いたいことに最も合った語を使ってください。その語は、常に木構造のいちばん下にあるとは限りません。たとえば、上の改善例で、古都に限らずヨーロッパへの旅行が好きならば「ヨーロッパへの旅行」とすべきでしょう。海外旅行全般が好きならば「海外旅行」とすべきです。

> **演習 1.3 A**
>
> 次の文章中で、広すぎる語を見つけて、より狭い範囲の語を例示してください。
>
> 彼はお酒を飲みながら、テレビのスポーツ番組を見るのが大好きだ。
>
> **演習 1.3 B1**
>
> 次の笑い話を読んで、「ペット」「猫」「蛇」「プードル」「ブルドッグ」を含む概念の木を書いてみてください。
>
> 👧 わたし、ペットを飼ってるの。
>
> 👦 犬かな、猫かな、小鳥かな？
>
> 👧 えへへ、実は蛇なの。可愛いもんよ。
>
> ・・・・・・・・・・・・・
>
> 👧 わたし、犬を飼ってるの。
>
> 👦 今度は大丈夫（心の中で）。プードルかな、ポメラニアンかな？
>
> 👧 実は、ブルドッグなの。

「こと」「もの」という語は、最も広い範囲の「こと」や「もの」を指すことのできる形式名詞です。ですから、「こと」や「もの」をもっと具体的に範囲を絞れる名詞に置き換えることができるときは、置き換えるほうが意味がはっきりします。

名詞だけでなく、動詞でも意味が広すぎる動詞があります。典型例は「する」「行う」です。もっと狭い意味の動詞を使うことができるときは置き換えましょう。

> **演習 1.3 B2**
>
> 次の例文の中の「こと」「もの」のうち、もっと具体的な名詞に置き換えられる場合は、適当な名詞に置き換えてください。また、「やる」をもっと具体的な動詞に置き換えてください。
>
> > 昨日は、会社を出た後、やるべきことを思い出したので、結局会社に戻りました。B社から納品を依頼された部品の中に製造中止のものがあり、後継のものでよいかどうか、先方に確かめる必要があったからです。メールでこのことを伝えて、明日までに返事をくれるようにしました。

上位概念・下位概念のほかに、似た意味の語や微妙にニュアンスの異なる語のあいだで、適切な語を選ぶことも必要です。たとえば、機械・機器・器具・道具、返事・返信・回答、お願い・要望・依頼、前に・以前に・先日・先般、明瞭・明確などなど。

1.4 定性的な形容詞・副詞は避ける

> **例題 1.4** 次の文章を見てください。

> 新しく設置したエアコンの音がうるさいというお客様からの苦情があった旨、

> 承りました。このエアコンは、これまで設置されていたエアコンに比べて発生する音量をかなり減らしているはずですが、同型の機種でなるべく音量の小さく、安価なエアコンを早急に探してお知らせいたします。

　伝えるための文章では、定性的な形容詞・副詞の使用はなるべく避けて、できるだけ具体的な説明で、可能ならば数値で定量的に記述するほうがよいとされています。定性的な形容詞・副詞とは、どのくらいの範囲・程度なのか人によって受けとり方が違う形容詞・副詞です。有名な例としては、野田佳彦元首相が野党に約束した「近いうちに解散して国民に信を問う」という発言があります。「近いうちに」が定性的な副詞的（動詞に係る）表現です。

例題 1.4 解答

　上の文章では、
　　安価な
が、定性的な形容詞（名詞に係る形容詞的語句を含む）です。
　　かなり
　　なるべく
　　早急に
が定性的な副詞（副詞的語句を含む）です。

　これらの定性的な形容詞・副詞を避けて書き直した例を、次に示します。

> 　新しく設置したエアコンの音がうるさいというお客様からの苦情があった旨、承りました。このエアコンは、これまで設置されていたエアコンに比べて発生する音量を 60% ほどに減らしています。しかし、ご希望でしたら、同型の機種で音量が最も小さいエアコンを 2 日以内に数機種探してお知らせいたします。価格は、今回の 1.2 倍までの範囲で探させていただけますでしょうか。

演習 1.4 A

次の例文の中から定性的な形容詞・副詞を探して、定量的な記述への書き換えの例を示してください。（書き換えの例は無数に考えられ、正解はありません。）

> 本日、ふだんより大勢の来館者があったため、当館の説明パンフレットがきわめて少なくなりました。至急持ってきていただけませんか。

演習 1.4 B

次の文の中から定性的な形容詞・副詞を探してください。書き換えの例は必要ありません。

> 現在開発中の新車は、我が社のこれまでの同種の車と比較して、燃費の大幅な改善と、排気ガスのうち窒素酸化物と硫化酸化物の相当な低減を目標としている。他社もこれのライバルとなる車の開発を急いでいるので、短期間に開発を終えて製造・販売を開始することが求められている。

1.5　読み手が理解できる語を使う

　読み手が理解できる語だけを使いましょう。逆に言えば、読み手が理解できないかもしれない語を説明抜きに使ってはいけないということです。読み手が理解できない語の代表例としては、専門用語、略語、まだあまりなじみのないカタカナ語、難しすぎる語があります。仲間うちでふだん使っている略語や符丁めいた言葉を、外部へ出す文書でもうっかり使ってしまうという失敗もよくあります。ここでは採り上げませんが、最近は、フォーマルな文章の中にくだけた話し言葉が混じっている例も多いようです。スマートフォン上で読み書きをする頻度が高いので、その癖が出てしまうのではないかと思います。

例題 1.5 次の文章の中にある、読み手が理解できないかもしれない語を指摘してください。

> 大学においても、企業と同様に、CS は大切である。大学にとって、顧客とは誰であろうか。大学のステークホルダーは、在学生、保護者、卒業生、卒業生の就職先、教職員、設置者、地域社会、文部科学省など、さまざまな人や組織が考えられる。

例題 1.5 解答

　CS という語が出てきますが、これより前にその説明がないかぎり、突然出てきたら意味がわかりません。CS は Customer Satisfaction の略で、顧客満足という意味です。このことがわかっていないと、次の「顧客とは誰であろうか。」という文とのつながりもわかりません。

　さらに、ステークホルダーという語は、読み手の誰もがわかる言葉でしょうか？利害関係者の意味で、ビジネスや経営の世界ではときどき使われます。

　上の文章は、大学のあり方や大学経営についての文章の出だしの部分のように見えます。そうすると、主な読み手は大学関係者が予想されます。CS やステークホルダーは、ビジネス書や経営関係の記事を読み慣れている人にとっては常識に属する語かもしれません。書き手はそういう人で、つい手慣れた語を使ってしまったものと思います。しかし、大学関係者が、CS やステークホルダーの意味を説明なしに知っていると期待してはいけないでしょう。

　ビジネス関係の文章では、ほかにも、M&A、R&D、B to B、OEM、QCD、SCM のような略語や、ペンディング、リスケジュールなどのカタカナ語があふれています。

・読み手がどんな人たちであるか
・使おうとしている語がその人たちに理解できるか

の2点につねに注意しながら文章を書き進めることが必要です。

演習 1.5 A

次の文章の問題点を指摘してください。

> 日本は高文脈社会であるのにたいして、アメリカは低文脈社会であると言う。適切なコミュニケーションを行なうためには、その背景となる文脈の高低を意識しなければならない。このことが、アメリカにおいて論理的な文章の書き方や、プレゼンテーション技術など、感情ではなく理性に訴えるコミュニケーション技術が発達した理由となっている。日本でも、今後グローバル化によって、論理に根ざしたコミュニケーションの必要性が増していくだろう。

演習 1.5 B

ビジネス・経営分野とならんで、専門用語や略語が横行するもう1つの世界は、パソコンなどの情報技術分野です。

初心者向けのパソコン講習会で、講師が「まずパソコンを立ち上げてください」と言いました。意味が理解できず、パソコンを持って立ち上がった人がいたという、嘘のような本当の話があります。

講師はどのように言えばよかったのでしょうか？

1.6 カタカナ語を乱発しない

前節で問題になった語には、アルファベット何文字かの略語、カタカナ表記の語（カタカナ語）が含まれていました。欧米発の新しい概念を表すには、よくカタカナ語が用いられます。これは、漢字・かなによる表現（訳語）がまだ確立していない時期にはやむを得ない面があります。また、微妙なニュアンスの違いを表すために、カタカナ語を使いたい場合もあります。しかし、このようなカタカナ語の意味を多くの人が正しく理解しているとは限りません。使用にあたっては注意が必要です。

次に示す語は、朝日新聞 2012 年 12 月 8 日の土曜日版に載った「イライラするカタカナ語」のワースト・テンです。

コンピテンシー	サステイナブル
インスタレーション	コンソーシアム
インキュベーション	オルタナティブ
コモディティー	ステークホルダー
ダイバーシティー	リテラシー

もちろん、これはある一時点での見本にすぎません。感じがつかめていただければ結構です。

このような難しいカタカナ語以外に、同じ意味の漢字・かな表記の語があるのに、外国語由来のカタカナ語を多用する人がいます。一見、時代の先端を行っているようですが、きちんとした場では軽薄に見えます。漢字・かな表記で同じ意味の語がある場合には、そちらを使うという習慣にしたいものです。

この節では、例題なしに演習に入ります。

演習 1.6 A

次の文章の中のカタカナ語を、同じ意味の漢字・かな表記の語があれば、それに置き換えてください。

> 若いうちはハイリスクなゴールに向かってチャレンジすることが大切です。失敗してもリトライすればよろしい。海外へ出て行って、日本と全く違うカルチャーに出会ってショックを受けたり、ミスをしたりするのも結構。多くの経験と友人を作って日本へリターンしなさい。

1.7 漢字を使いすぎない

ワープロソフトで文章を書くようになったため、文章を書き慣れていない人は

漢字を使いすぎる傾向にあります。かな漢字変換によって、自分が手書きでは書けないような漢字まで簡単に使えるからです。自分なりの漢字使用基準を持って、ワープロソフトの示すかな漢字変換の選択肢の中から選ぶようにしてください。

例題 1.7 新聞や雑誌での漢字とかなの使い分けを思い出しながら、次の文章の中で、かな書きにするほうがよいと思う箇所を「勘で」決めてください。

> 我が大学に対する学生たちの最大の不満は、駅から遠い事である。殆どの学生が文句を言っている。スクールバスで通常 25 分、ラッシュだと 40 分かかる時もある。又、授業に間に合う時間帯に学生が集中する為、超満員になる事も多い。路線バスは、更に時間がかかり、且つ有料でもあるが、大抵座る事が出来るので、私は専ら路線バスを利用している。何故通学にもっと便利な所に大学を作らなかったのだろう。

漢字で書くか、かなで書くかについては、日本の社会で確立されて広く使われている基準はありません。漢字が多いと文章が硬い感じになり、かなが多いと柔らかく感じます。ただし、かなばかり長く続くと読みにくくなります。

公文書については、規則が決まっています[1]。各新聞社では、それぞれ独自の用語用字の手引きを定めています。それらは似かよっていて、公文書よりは漢字使用がやや少ないと考えてよいでしょう。

例題 1.7 解答例

著者たちの解答例を示します。下線を引いた箇所がかな書きに直したところです。

> <u>わ</u>が大学に<u>たい</u>する学生たちの最大の不満は、駅から遠い<u>こと</u>である。<u>ほと</u><u>ん</u>どの学生が文句を言っている。スクールバスで通常 25 分、ラッシュだと 40

---

1 たとえば、
ぎょうせい公用文研究会：『最新公用文用字用語例集－改定常用漢字対応』、ぎょうせい、2011
http://www5d.biglobe.ne.jp/Jusl/Bunsyo/BunKanjiH22.html

> 分かかるときもある。また、授業に間に合う時間帯に学生が集中するため、超満員になることも多い。路線バスは、さらに時間がかかり、かつ有料でもあるが、たいてい座ることができるので、私はもっぱら路線バスを利用している。なぜ通学にもっと便利な所に大学を作らなかったのだろう。

「わが」と「たいする」は、元のままの「我が」と「対する」でも結構です。

「はじめに」でも述べたように、伝わる日本語文章という立場からは、次の3つの条件が要請されます。

- 伝えたい内容が正確に伝わる
- 速く読める
- できるだけ読み手の負担にならないようにする

その観点から考えると、一般的な原則として、次の2つのことに注意するとよいでしょう[2]。

(1) 各文を構成する重要な語句を目立つように漢字で書きます。補助的な語句はかなで書いて目立たせないようにします。

　　重要な語句とは、具体的には、名詞、代名詞、動詞、形容詞、形容動詞、主な副詞などです。補助的な語句とは、助詞や助動詞、形式的に用いられる名詞などです。後で具体例を挙げます。接続詞は、文と文や語と語を結んで、それらの関係を表します。けっこう重要な役割をしますが、かな書きするほうがかえって目立つようです。

　　例
　　　　× 且つ、但し、即ち、又、及び
　　　　○ かつ、ただし、すなわち、また、および

　　用例の前につけた×印は良くない例、○印は良い例であることを表します。以後、この本ではそういう約束にします。

---

[2] さらに具体的な提案が、小山透:『科学技術系のライティング技法』、慶應義塾大学出版会、2011 の78ページにある。

(2) 日本語の文は、漢字＋かなという単位で1つのまとまりをつくる傾向があります。文法的には「文節」に当たります。直前の文では、「文法的には」「「文節」に」「当たります」といった具合です。もちろん、例外はたくさんあります。

このように、無理のない範囲で、漢字＋かなというまとまりを続けてリズム感を持たせると読みやすい（速く読める）と思います。特に、合成語や複合名詞は別として、漢字の語が連続することは避けるほうがよいようです。例を挙げましょう。

  × 明日彼に連絡する
  × 本来教養とは

かな書きするほうがよい補助的な語句とは何か、を説明します。次に示す使用例のような場合は、かな書きにします。どれも、漢字本来の意味から離れて形式的に使われているからです。漢字本来の意味で使っているので漢字で書いた例を、○の後に示しました。

× ～する事は　　　（○　事と次第によっては）
× 鉄道という物は　　（○　その鞄は彼の物だ）
× ～した時　　　　（○　時は金なり）
× 点検した所、異常はなかった　（○　連れていかれた所は原野だった）
× 電車が遅れた為に　（○　そうすることは本人の為になる）
× 説明した通りに操作して下さい　（○　駅前の通り）
× ～と言う話だ　　（○　彼に言うときには）
× 1日毎に
× 盆の様な月　　×　先生が話した様に
× ～する方がよい
× 行けないという訳でもない
× 送って頂くときには　（○　頂き物）
× ～することが出来る　（○　出来がいい）
× 致します　　　　（○　致し方ない）

演習 1.7 A

次の文章の中で、かな書きにするほうがよいと考える語を指摘してください。

> 昨日はお訪ね頂きましたのに、たまたま休みを取っておりましてお目にかかれず、誠に失礼を致しました。又、お土産も頂戴致し、大変恐縮しております。この次おいでになる時は、予め電話かメールでお知らせ頂けましたら、出来る限り在社するように致します。尚、2週毎に水曜日午後は本社で打ち合わせが入っておりますので、ご承知おき下さい。

1.8 「これ」「それ」「あれ」の指すものは明確に

指示代名詞「これ」「それ」「あれ」を用いてよいのは、次のときに限ります。同じ文中か直前の文の中の語句で、かつその語句を指すことが明らかな場合だけです。

「これ」「それ」「あれ」を上の条件に反して使用すると、読み手はその指示代名詞が何を指すのか、とまどう心配があります。もちろん、「この」「その」「あの」についても、同じ注意が必要です。では、良くない例を見てみましょう。

例題 1.8

次の文章中の、下線を引いた「それ」は何を指すのかはっきりしません。どう直したらこの問題が解決するか、考えてみましょう。

> セミナー参加希望者は、次ページのチェックシートで参加資格の有無を確認後、申込用紙に記入してください。<u>それ</u>と参加費用を学生課に提出してください。

例題 1.8 解答

「それ」を「記入済みの申込用紙」と書き換える。「それ」を「その申込用紙」あるいは「その用紙」と書き換えるという答もあり得ます。

2つ目の答のように、「これ」「それ」「あれ」でなく、「この」「その」「あの」の後に、前に出てきた名詞をつけて書くことによって、指すものが明確になります。

× 問題は〜〜〜である。これは〜〜〜。
○ 問題は〜〜〜である。この問題は〜〜〜。

この技法はよく使われるので、活用するとよいでしょう。

演習 1.8 A

次の文章には、「それ」という代名詞があります。「それ」が何を指すかがもっと明確になるように書き改めてください。ややくどい感じになってもかまいません。

> 何か調べたいときに、すぐインターネットで検索するのが習慣になってしまっている人が多い。しかも、スマートフォンを持っていれば、いつでもどこからでも検索できる。しかし、それには落とし穴もある。

演習 1.8 B

次の文章中の「これ」は、指すものがはっきりしません。指すものが明確になるように書き直してください。

> 津波と高潮とは同じようなものだと誤解している人が多い。これは、津波も高潮も海面が異常に高くなる現象だという事実に由来するのであろう。

1.9 「の」を書き分ける

日本語の「の」はたいへん便利な助詞で、多くの意味を「の」1つですませることができます。このために、意味にあいまいさが生じることがあります。たとえば、

× 　私の絵

この表現にたいしては、3種類の解釈が可能です。

　　私が所有している絵、あるいは、私がいま手に持っている絵
　　私が描いた絵
　　私を描いた絵

書き手がどの意味で書いたかによらず、読み手は上の3つの解釈のどれかだと思って誤解する可能性があります。3つの解釈のどれだろうかと迷うかもしれません。

> **例題 1.9-1**　次の表現は、それぞれ複数の意味にとれます。どのような複数の意味があるか考えてください。
>
> (a)　母のアパート
> (b)　週刊誌の広告
> (c)　歴史博物館の講演会

例題 1.9-1 解答

> (a)　母が住んでいるアパート、母が所有しているアパート
> (b)　週刊誌に載っていた広告、週刊誌じたいの広告
> (c)　歴史博物館で行なわれる講演会、歴史博物館主催の講演会、歴史博物館に関する講演会

「の」は、このように多くの意味を表すことのできる便利な助詞です。便利すぎるので、使いすぎないように。「の」を他のもっと限定した意味の語句に置き換えられるときは、置き換えましょう。

　また、「の」が便利すぎるために、名詞の後に「の」を挟んで連続して使用されることがしばしばあります。

演習 1.9 A

次の3つの文では、「の」がたくさん連続しています。「の」を他の語句に書き換えられるところは書き換えてみてください。

(a) 今朝のテレビの日曜討論の司会のアナウンサーの議論の整理の仕方は水ぎわだっていた。
(b) 昨日の検討会の議事録の草案の作成はもう終わりましたか。
(c) 自宅から駅の途中の不動産屋のウィンドウのマンションの広告を見た。

上の例題と演習で見た「の」の使い方は、「の」の前の語が「の」の後の語をなんらかの意味で限定する用法です。助詞「の」には、これ以外の使い方もあります。そのうちの2つをさらに検討しましょう。

例題 1.9-2 次の文の中で、直したいと思う点はありませんか。

> この詩のもつ雰囲気は、Aさんの書いたのに似ている。

例題 1.9-2 解答例

最初に、修正した文を示します。

> この詩がもつ雰囲気は、Aさんが書いた詩に似ている。

以下、このように修正した理由を説明します。

助詞「の」が3つ使われています。「この詩の」の「の」は、後につづく動詞「もつ」の意味的な主語を表しています。「Aさんの」の「の」も同様に、後につづく動詞「書いた」の意味的な主語です。このように、動作の主体を表すのにも「の」を用いることができます。しかし、このような動作の主体を表すには、「の」でなく「が」を使うことがお勧めです。理由は、これまで述べてきたように、「の」

はあまりにも広い意味に使うことができるからです。「が」を使えば、動作の主体であることが明確になります。

　最後の「書いたのに」の「の」は、「もの」とするところを口語的に表現した「の」です。書き言葉や、あらたまったときの話し言葉では「もの」とすべきです。さらに、「もの」ではなく、もっと具体的な名詞に置き換えられるならば、そうするほうがよいので、「詩」と書き換えました[3]。このことは、1.3節の最後（7ページ）で述べましたね。

演習 1.9 B

　同様に、「こと」にたいする口語表現として「の」が使われることもあります。そういう文の例を作って、修正の仕方を提案してください。

---

[3] もっと厳密には「詩の雰囲気」と書き換えるべきですが、くどすぎる感じです。

コラム
「の」以外の助詞にも注意する

「で」
「の」以外の助詞で、よく問題になるのは「で」です。助詞の「で」には、
① 場所
② 時間
③ 手段・方法
④ 原因・理由
⑤ 動作の主体

などを表すさまざまな使い方があります。このほかに、「であり」を省略して「で」と書くときもあります。
・場所を表すときは「において」
・手段・方法を表すには「によって」
・原因・理由を表すには「という理由で」

などと書き分けるほうが、正確に意味が伝わります。

「は」
　助詞の「は」は主語を表すのではなく、主題を提起する役割です。そのため、意味があいまいになることがあります。
× 彼は世話する人がいない。
○ 彼を世話する人がいない。
○ 彼が世話すべき人はいない。

「より」
　時や場所の起点をあらわすには、「から」と「より」のどちらも使うことができます。しかし、「より」は比較の相手を示すのにも用いられます。ですから、起点をあらわすには「より」でなく、「から」を使うほうがよいと考えます。
　これは、1.3 節で述べた、目的を満たす範囲内で、より狭い意味の語を使うという趣旨に沿っています。

1章のまとめ

- 1つの語は一通りの意味で用い、2つ以上の意味を持たせてはいけない。 (1.1節)
- 同じものごと（概念）を指すには、一貫して同じ語を用いる。 (1.2節)
- 伝えたい内容にぴったりした、広すぎない、狭すぎない語を使う。すなわち、概念の木の中で適切なレベルの語を使う。 (1.3節)
- 定性的な形容詞・副詞は、できるだけ定量的な表現に置き換える。 (1.4節)
- 読み手が理解できる語を使う。特に、専門用語、略語、まだあまりなじみのないカタカナ語、難しすぎる語、仲間うちだけで通じる語に注意する。 (1.5節)
- カタカナ語を乱発しない。同じ意味で漢字やかなで書ける語があるときは、そちらを使う。 (1.6節)
- 漢字を使いすぎない。新聞や雑誌の漢字・かなの使い分けを参考にするとよいだろう。 (1.7節)
- 「これ」「それ」「あれ」という指示代名詞は、それが指す語句が完全に明らかであるときに限って使う。 (1.8節)
- 「の」は便利すぎる助詞である。「の」を、他のもっと限定した意味の語句に置き換えられるときは、置き換える。 (1.9節)

1章 ［演習］解答例

演習 1.1 A1

「文」という語が 2 つの意味で用いられています。「文章」という意味と、文法的な単位である「文」（「。」の次から始まって、その後の「。」まで）という意味です。最初の行の「文」は「文章」の意味ですから、「文章」と書き換えます。他の「文」は文法的な単位としての「文」ですから、そのままにします。

ただし、「例文」「会話文」「文体」などの、すでに確立した合成語の中で「文章」の意味で使われている「文」については、そのままで結構です。

演習 1.1 A2

「確認した」という語が二通りの意味で使われています。最初の「確認した」は「検出した」の意味で。二番目の「確認した」は「合意した」の意味で。それぞれ、このように書き直すのが良いでしょう。

演習 1.2 A

1 行目では「理科教育」、2 行目では「理科学習」となっています。この 2 つは違うものなのでしょうか？ 違うものなら、その違いを説明しないといけません。同じものを指すのについ筆がすべったのなら、どちらかに統一すべきです。

演習 1.3 A

彼は焼酎を飲みながら、テレビでプロ野球を見るのが大好きだ。

演習 1.4 A

定性的な形容詞：大勢の
定性的な副詞：きわめて、至急
書き換えの例：本日、来館者がふだんより 150 人近くも多かったため、当館の説明パンフレットの残が 200 部を切ってしまいました。明日の開館時までに 2 千部以上持ってきていただけませんか。

演習 1.5 A

高文脈社会、低文脈社会という語は、コミュニケーションとのからみでかなり知られるようになりましたが、まだ多くの人が知っているという言葉ではありません。これらの語の説明を追加（下線部）した文章を下に示します。

日本は高文脈社会であるのにたいして、アメリカは低文脈社会であると言う。高文脈社会（high context society）とは、知識・経験・価値観などが似かよっている人びとで構成される社会のことである。低文脈社会（low context society）は、その逆で、知識・経験・価値観な

どが広い範囲に散らばっている人びとで構成される社会である。適切なコミュニケーションを行なうためには、その背景となる文脈の高低を意識しなければならない。このことが、アメリカにおいて論理的な文章の書き方や、プレゼンテーション技術など、感情ではなく理性に訴えるコミュニケーション技術が発達した理由となっている。日本でも、今後グローバル化によって、論理に根ざしたコミュニケーションの必要性が増していくだろう。

演習 1.6 A

ハイリスクな → リスクの高い （「リスク」と「危険」とはニュアンスが違うので、「高い危険のある」とするのはためらいます）
ゴール → 目標 （少し意味が違いますが）
チャレンジ → 挑戦
リトライすれば → もう一度試みれば （「再試行すれば」はやや硬い）
カルチャー → 文化
ショック → 衝撃 （ややニュアンスが違うので、そのままにするのも正解とします）
リターンしなさい → 帰ってきなさい

演習 1.7 A

下記の解答例の、下線を引いたところが、かな書きに直した部分です。漢字とかなの書き分けは、人によって基準が異なるので、あくまでも1つの解答例だと思ってください。

昨日はお訪ねいただきましたのに、たまたま休みを取っておりましてお目にかかれず、誠に失礼をいたしました。また、お土産も頂戴いたし、たいへん恐縮しております。この次おいでになるときは、あらかじめ電話かメールでお知らせいただけましたら、できるかぎり在社するようにいたします。なお、2週ごとに水曜日午後は本社で打ち合わせが入っておりますので、ご承知おきください。

演習 1.8 A

「何か調べたいときに、すぐインターネットで検索する習慣」ともとれますし、「スマートフォンを用いれば、いつでもどこからでも検索できること」ともとれます。前者ならば、「それ」を「すぐインターネットで検索する習慣」、後者ならば、「それ」を「いつでもどこからでも検索できること」に置き換えます。

演習 1.9 A

(a) 今朝テレビで放映された日曜討論で司会をしたアナウンサーは、議論を整理する仕方が水ぎわだっていた。
(b) 昨日行なわれた検討会の議事録の草案は、もう作り終わりましたか。
(c) 自宅から駅へ行く途中にある不動産屋のウィンドウに貼られていたマンションの広告を見た。

2章

まぎれのない簡潔な文を書こう

2.1　1つの文には1つのことを
2.2　文は短く ── その1　中止法を使わない
2.3　文は短く ── その2　接続助詞「が」の使いかた
2.4　文は短く ── その3　長すぎる修飾語句をやめる
2.5　文は短く ── その4　埋め草を削る
2.6　主語があいまいな文を書かない
2.7　受身の文は能動にする
2.8　否定はなるべく使わない、使うときは気をつける
2.9　修飾関係に注意を
2.10　読点を適切に打つ

この章では、文のレベルの書き方について議論します。ただし、1つの文全体でなくても、2つ以上の語に関係する問題は、1章でなく、この章で扱います。たとえば、修飾関係がそうです。

2.1　1つの文には1つのことを

1つの文には1つのことだけを書きます。逆から言えば、1つの文に2つ以上のことを盛り込んではいけないのです。では、「1つのこと」って、何でしょうか? それを定義しようとすると難しいので、以下の例題や演習問題をやって感じをつかんでください。

> **例題 2.1**　次の文には「2つ以上のこと」が含まれています。文をいくつかに分けて、1つの文は「1つのこと」からなるようにしてください。そのさい、必要であれば、適当な接続詞を補ってください。
>
> > 現在、社内では4台の社用車を適宜必要な者のあいだで利用しているが、最近はその利用率が高まっており、大事な用件での外出なのに、必要なときに車がないという事態が2日に1件くらいの割合で起きている。

例題 2.1 解答例

　現在、社内では4台の社用車を適宜必要な者のあいだで利用している。しかし、最近はその利用率が高まっている。そのため、大事な用件での外出なのに、必要なときに車がないという事態が2日に1件くらいの割合で起きている。

> **演習 2.1 A**
>
> 例題と同じです。1つの文が「1つのこと」からなるように、文を分けてください。書いてあることの順序を入れ替えてもよいです。必要ならば、接続詞を補ってください。

当社の先代社長の親友が経営していて、当社とは30年以上もの付き合いがあるA社は、最近経営状態が悪化していて部品供給価格が他よりやや高めにつくという欠点があるけれども、部品の購入を他へ切り替えるのは慎重にするほうがよいだろう。

演習 2.1 B

　例題と同じです。1つの文が「1つのこと」からなるように、文を分けてください。必要ならば、接続詞を補ってください。

　東日本大震災では、宮城県南部から福島県にかけても高い津波が押し寄せて大きな被害を出したが、マスコミには「津波は三陸」という先入観があったため、これらの地区の被害については当初あまり報道されなかった。

2.2　文は短く —— その1　中止法を使わない

　前節では、1つの文では1つのことしか述べないというルールを学びました。このルールを守ることによって、1つ1つの文は短くなります。一般に、個々の文が短ければ、読みやすく、理解しやすく、正確に伝わりやすくなります。多くの人が、1つの文は50字以内という目安を挙げています。1文は50字以内という制限を自分に課すと、複雑な構文をもつ文は書こうとしても書けなくなります。

　この節と次の節では、長い文を書く原因になりがちな、中止法と接続助詞「が」の問題を採り上げます。つまり、前節で述べたルールを、具体的な個別の点から検討します。

　中止法とは、1つのことを述べた後で、文を終了しないで、そのまま続けて次のことを書くやり方です。「。」で終わらないで「、」でつなげることですね。例

を見てみましょう。

> **例題 2.2** 次の文章の中で、中止法にあたる箇所を指摘してください。中止法のところで文を終わって、複数の文に書き換えてください。

> 昨日の新商品〇〇の販売促進に関する会議は、議題が整理されていなくて、関係者全員が出席したため発言が右往左往してまとまらず、その結果、何が決まって、何が次回以降の検討課題として残ったのか、明らかでない。

例題 2.2 解答例

下記の下線のところが中止法です。

昨日の新商品〇〇の販売促進に関する会議は、議題が整理されて<u>いなくて、</u>関係者全員が出席したため発言が右往左往して<u>まとまらず、</u>その結果、何が決まって、何が次回以降の検討課題として残ったのか、明らかでない。

次に、書き換えた例を示します。

> 昨日の新商品〇〇の販売促進に関する会議は、議題が整理されていなかった。また、関係者全員が出席したため発言が右往左往してまとまらなかった。その結果、何が決まって、何が次回以降の検討課題として残ったのか、明らかでない。

中止法としてよく使われる表現には、次のものがあります。

- であり、〜〜で、
- 〜〜して、〜〜て、
- 動詞の連用形（〜〜し、表し、片づけ、読み、まとめ、など）

中止法には、1つの文を長くして理解しにくくするという欠点のほかに、もう1つ問題があります。それは、中止する前の部分と後の部分との関係がわかりにくいという問題です。

演習 2.2 A

次の文の中止法の部分を、その前と後の関係がよくわかるように書き換えてください。

> テーマについて頭の中に浮かぶことを紙に書き出し、そこからさらに思考を広げていくことができます。

演習 2.2 B1

次の例文を中止法のところで2つの文に分け、適切な接続語句を補ってください。

> 昨日、帰宅しようとしたら途中の駅で電車が長いあいだ止まってしまって、車掌や駅員から理由やいつ動くのかについてのはっきりした説明がなかった。

【注意】 中止法がすべて悪いというわけではありません。たとえば、いくつか同時に、あるいは順番に行なう手順を表すときには、中止法がぴったりです。
　○ 朝起きて、歯をみがき、顔を洗い、体操をする。

1つの文の中で主語を変えない

中止法を使って長い文を書いたとき、さらに問題となるのは、途中で主語が変わってしまう文です。

演習 2.2 B2

下記の文を2つの文に分けて、必要ならば適切な接続語句を挿入してください。

> このところ目新しい面白いゲームの発売が途絶えていて、多くのゲームユーザーが開発中の新ゲーム XXdragon を沈滞の突破口として待ち望んでいる。

前半(「、」の前まで)の主語が「ゲームの発売」であるのにたいし、後半の主語は「ゲームユーザー」になっています。このような文は書かないほうがよろしい。なお、この「ゲームユーザーが」にたいする述語は「待ち望んでいる」なのですが、ぼんやり読むと「開発中」が述語であるかのようにも読めます。こういう修飾関係(主語―述語の対応を含む)が、時にはあいまいさをもたらすことについては、2.9節で学びます。

2.3　文は短く――その2　接続助詞「が」の使いかた

この節では、接続助詞「が」の問題を採り上げます。

例題 2.3　次の文章の問題点を指摘して、改善案を示してください。

> A社はこれまで順調に市場を拡大してきたが、昨年は売上高が前年比32%増であるのにたいし、粗利益は8%増でしかない。新ゲームXXdragonの発売が7月初めに予定されているが、それによって新たなユーザー層の掘り起こしを狙っている。

「が」には主格を表す格助詞や、終助詞としての使い方もありますが、接続助詞としても使われます。上の例文では、

　　○　拡大してきたが
　　×　予定されているが

の2つが接続助詞としての「が」です。

このうち、「拡大してきたが」の「が」は、逆接の意味、つまり「が」の前に述べたことと反対のことを次に述べています。それにたいして、「予定されているが」の「が」は、明確に逆接の意味で使われているとは言えません。**接続助詞の「が」は逆接の意味にだけ用いるべきです。**

「が」が逆接の意味で用いられているかどうかは、「が、」を「が、しかし、」とか「。しかし、」とかに置き換えてもおかしくないかで判断できます。

| 例題 2.3 解答例 |

> A 社はこれまで順調に市場を拡大してきたが、昨年は売上高が前年比 32% 増であるのにたいし、粗利益は 8% 増でしかない。新ゲーム XXdragon の発売が 7 月初めに予定されている。それによって新たなユーザー層の掘り起こしを狙っている。

【補足】 文を短くするには、逆接の「が」の場合でも、そこで文を切って 2 つの文に分けるほうが読みやすくなることがあります。後の文の先頭に「しかし、」を付けます。

上の解答例にたいして、これを適用してみてください。

| 演習 2.3 B |

［例題 2.3］のすぐ次の文（下記に再び記します）の中の接続助詞「が」は、逆接の「が」ですか？

> 「が」には主格を表す格助詞や終助詞としての使い方もありますが、接続助詞としても使われます。

2.4　文は短く —— その 3　長すぎる修飾語句をやめる

文が長くなる、あるいは理解しにくくなるもう 1 つの原因は、長すぎる修飾語句です。例を挙げてみましょう。

| 例題 2.4 | 次の文は長すぎて、かつ理解しにくい文になっています。何がその原因になっているかを指摘してください。また、どのよう

| に書き換えれば改善されますか？

> 19世紀末から20世紀初めにかけて、アメリカ南部のニューオーリンズの酒場やダンスホールで生まれたジャズは、それまでの西洋音楽にたいし、黒人演奏者の故郷であるアフリカ西海岸の音楽が強く影響しており、体を揺さぶるようなリズム（スィング）と即興性に特徴がある。

例題 2.4 解答例

この文の主語[1]は「ジャズ」です。しかし、その前に長い修飾語句がついていて、読む人は、なかなかこの主語にたどり着けません。何が主語なのか、つまり何が話題なのかが分からないまま、その前の長い修飾語句を読んでいかされます。このように、読む人に無用な心理的な負担をかける文は良くありません。

主語を先に出し、それに係る長い修飾語句を主語にたいする説明にしてしまいます。「ジャズは、」より後の部分は別の文にします。「影響しており、」は中止法ですから、そこで切って別の文にします。次のように3つの短い文になります。

> ジャズは、19世紀末から20世紀初めにかけて、アメリカ南部のニューオーリンズの酒場やダンスホールで生まれた。それまでの西洋音楽にたいし、黒人演奏者の故郷であるアフリカ西海岸の音楽が強く影響している。体を揺さぶるようなリズム（スィング）と即興性に特徴がある。

主語でなく述語にたいして長い修飾語句が係っている場合も、主語と述語が遠く離れるため、読みにくく理解しにくい文になります。

演習 2.4 A

次の文は、『奥の細道』という主語と、「俳句入り紀行文である」という述語とのあいだに長い修飾語句があります。このため、文の骨格（主語と述語）が一見しては分かりにくくなっています。これを複数の文に分けることにより、上記の主語と述語を近づけてください。

---

[1] 助詞「は」は主語でなく主題を表すと言われていますが、この文では主語にもなっています。

> 『奥の細道』は、松尾芭蕉が弟子の曽良とともに、元禄 2 年（1689 年）旧暦 3 月末から 9 月初めにかけて、江戸から北へ奥州平泉まで、そこから西へ日本海側に出て酒田へ、越後から北陸を回って、最後は大垣に至る 5 ヶ月の旅行の俳句入り紀行文である。

もう 1 つ問題に取り組んでみましょう。次の文を理解しやすくしてください。

演習 2.4 B1

> 私は、彼女が帰ってくるやいなや、昼間かかってきた A 社の橋本氏からの「23 日木曜日午後に予定されている打ち合わせを、午前に変更することはできないか」という伝言メモを手渡した。

主語と述語のあいだの長い修飾語句として、別の主語と述語を持った節が入ると、一読では理解しにくい文ができ上がります。次の例を見てみましょう。

演習 2.4 B2

> 次の文は短いにもかかわらず、文全体の主語－述語である
> 　　我が社は　　― 　引き受けている
> がすぐにはつかめません。その理由は、文全体の主語－述語と、従属節の主語－述語である
> 　　○○株式会社が　　― 　売り込んだ
> が入れ子状態になっているためです。つまり、読む人は頭の中で「○○株式会社が中東諸国へ売り込んだ」をかっこに入れて読まなければならないからです。
> この文の主語－述語の入れ子状態を解消する改善案を考えてください。

> 我が社は○○株式会社が中東諸国へ売り込んだ海水淡水化装置のメインテナンスを一手に引き受けている。

2.5 文は短く——その4　埋め草を削る

　文章を権威づけたり、格好よく見せたりするために付け加える冗長な語句を「埋め草」と言います。次の2種類が代表的です。それぞれ、例とともに示します。

（1）　文末の埋め草
　　　のである、わけである、であろう、と考えられる、と思われる、ことになる、言うまでもない、と言えなくもない（せめて「と言える」にしたい）、と言ってもよい、ということは明らかである
（2）　強調する語句の乱用
　　　大いに、非常に、大変、きわめて、はるかに、かなり、必ず、絶対に

　これらの強調する語句を使ってはいけないとは言いませんが、つい書いてしまいそうになるとき、本当に必要かちょっと疑ってみましょう。

　例題抜きに演習に入ります。

演習 2.5 A

次の文章から埋め草を取り除いてください。

　環境問題、とりわけ地球温暖化が21世紀の人類の抱えるきわめて重大な問題の1つであることは言うまでもない。この問題の非常に厄介なところは、今すぐ二酸化炭素をはじめとする温室ガスの排出を抜本的に減らしたとしても、温室ガス濃度が大気の温度に与える影響には大きな時間遅れがあるため、温暖化は徐々に進むことである。だから、対策を実行するのは早ければ早いほどよいと言える。もう1つの問題は、正のフィードバック、すなわち、温暖化が進むとそれがますます温暖化を早めるという要因であると考えられる。たとえば、温暖化によって砂漠化が進み、森林の面積が減少すると、植物が光合成によって二酸化炭素を吸収する量が減ることになる。もちろん、地球は基本的に温度を一定に保とうとする負のフィードバックもそなえてはいるが。

2.6 主語があいまいな文を書かない

日本語の文では、主語を必ずしも明示する必要はありません。しかし、このために、何が主語であるかに関して複数の解釈が生じる場合があります。例を見てみましょう。

例題 2.6　下記の2番目の文は二通りに解釈できます。それらを述べてください。二通りの解釈の各々について、その解釈しか生じないように文を書き改めてください。

> A社の技術部が、全く新しい方法で省エネに取り組んでエアコンの新製品を開発したそうだ。同程度の能力の従来機種に比べて電気代が3割安くなると宣伝している。

例題 2.6 解答例

2番目の文の述語「宣伝している」の主語は何でしょうか？ A社でしょうか、A社の技術部でしょうか？ どちらでも似たようなものですが、A社の技術部だとすると、何らかの事情があって、まだA社全体としての宣伝の取り組みには至っていないのかもしれません。

「宣伝している」の前に「A社は」か「A社の技術部は」のどちらかを挿入すれば、あいまいさは解消できます。

演習 2.6 A

次の文章の2番目の文はいくつかの意味にとれます。それらを挙げてください。挙げたそれぞれの意味にしかとれないように、2番目の文を書き改めてください。

> 我が社とA社とは、東南アジアでの製品の販売を協力して推進するために、合同で子会社を設立することにいったん合意した。しかし、時期尚早

という意見が出て、現在再検討中である。

演習 2.6 B

次の文章は、あいまいではありませんが、主語が明示されていない例です。必要な主語を補ってください。

> 新町三丁目の小池を埋め立てて児童公園を作る市の計画については、周辺住民の一部から反対意見が出ている。住民との対話をきちんと持ったうえで進めるべきだ。

2.7 受身の文は能動にする

主語が省略されてあいまいになる原因の1つに、受身（英語の受動態）の文があります。受身でない文のことを「能動」と呼ぶことにします。

例題 2.7　次の受身の文を能動に直してみましょう。

> 受身で書かれた文では、主語が省略されがちです。

例題 2.7 解答例

私たちは、受身で文を書くと、主語を省略しがちです。

受身の文を能動に書き換えると、文が引き締まって迫力が増します。例を見てみましょう。

演習 2.7 A

次の受身の文を能動に書き換えてください。

> 主語と述語を近づけて文が書かれると、文のいちばん大事な骨組みが一目で理解されます。

2.8 否定はなるべく使わない、使うときは気をつける

否定を含む文ではさまざまな問題が生じます。そのいくつかを見てみましょう。

2.8.1 二重否定は避ける

例題 2.8-1 次に挙げるいくつかの文は二重否定、あるいは実質的に二重否定になっています。二重否定を使わないように書き直してください。

(a) 問題がないわけではない。
(b) 避けられないわけではない。
(c) 延期が不可能とは限らない。

例題 2.8-1 解答例
(a) 問題がある。
(b) 避けることができる。
(c) 延期できるかもしれない。

　元の文とは多少ニュアンスが違うと感じる方もあると思いますが、そのニュアンスまでも正確に伝えなければならない場合を除いては、この解答例のように肯定文で言い切ってしまうほうが理解しやすくなります。

2.8.2 全否定か部分否定か

「すべての」とか「いつも」のような全体を表す副詞と否定とを組み合わせて使うと、全部を否定しているのか、一部だけを否定しているのかがあいまいになります。

例題は抜きにして、次の演習を考えてください。

> **演習 2.8 A**
>
> 次の各文は、全否定か部分否定かがあいまいです。全否定だとしか受けとれないように書き改めてください。次に、部分否定としか受けとれないように書き改めてください。
>
> (a) 今日の数学の試験は全部できなかった。
> (b) 渋滞のため、いつもその最短ルートを選ぶことはできない。

2.8.3 「ように」と否定を組み合わせない

「ように」と否定とを組み合わせてもあいまいさが生じます。

> **演習 2.8 B1**
>
> 次の文は 2 つの意味にとれます。どのような 2 つの意味でしょうか？ 2 つの意味のそれぞれにたいして、その意味にしかとれないように文を書き換えてください。
>
> 彼は、彼の兄貴のように好人物ではない。

【補足】「兄貴」の前に「彼の」を付けてあるのはくどいようですが、「彼の」がないと、さらに他の解釈も生まれます。考えてみてください。

2.8.4 なるべく肯定文で書く

否定文と同じ意味内容を肯定文で書くと、意味がより直接的に伝わります。

例題 2.8-2　次の否定文を肯定文に書き換えてみましょう。

講演中は前の扉から入らないようにしてください。

例題 2.8-2 解答例

講演中は後ろの扉からお入りください。

演習 2.8 B2

次の文を肯定文に書き改めてください。

(a) 決められた場所以外では、タバコを吸わないでください。
(b) パスワードは、英数字 8 〜 12 文字で、かつ英字・数字がそれぞれ 1 字以上入っていないと受け付けられません。

2.9　修飾関係に注意を

　この節では、語と語のあいだの「修飾する－修飾される」という関係についての注意を学びましょう。以下では、修飾する語を修飾語、修飾される語を被修飾語と呼びます。また、修飾する語が修飾される語に「係る」とも言います。

　日本語では、修飾語は必ず被修飾語よりも前にある、言い換えれば、修飾語はそれより後にある語に係るのが鉄則です。この点は、長い修飾語句は被修飾語の後ろから修飾することができる英語とは大きな違いです。このために、次の 2.9.1 で述べるようなあいまいな修飾関係が生じがちです。

2.9.1　あいまいな修飾関係を作るな

　1 つの修飾語は 1 つの被修飾語を修飾する、すなわち係るのがルールです。しかし、ある修飾語がどの語を修飾するのかがあいまいな文や表現があります。

下記の (1) のような例が多いのですが、それ以外にも (2)、(3) のような変種があります。(2)、(3) は、語 A と語 B が「A と B」のように、助詞「と」で結ばれている場合に起こります。
(1) 1つの修飾語が、2つ以上の語のどちらに係るのかがあいまい
(2) 1つの修飾語が、ある語 A だけに係るのか、語 A と語 B の両方に係るのかがあいまい
(3) 1つの被修飾語にたいして、それを修飾する語が A だけなのか、語 A と語 B の両方なのかがあいまい

例を見てみましょう。

例題 2.9-1 次の表現や文は、ある語が複数の語のどれを修飾しているのか（あるいは、複数の語のどれが1つの語を修飾しているのか）が決められません。具体的に、どの語がどの語を修飾していると解釈することができるか、複数の可能性を挙げてください。（ヒント：(d) は三通りの可能性があります。）
　また、それら複数の可能性のそれぞれにたいして、その解釈しかあり得ないように書き改めてください。

(a) 新しく買ったオーディオ装置のスピーカーは音が良い。
(b) 急いで横断歩道を渡ろうとする老人を呼び止めた。
(c) 土曜日と日曜日の午後は家に居ます。
(d) 白い大きな出窓のついた家

例題 2.9-1 解答例

(a) は上の (1) にあたる例です。「新しく買った」のはオーディオ装置全体でしょうか、スピーカーだけでしょうか？ スピーカーだけの場合には

・オーディオ装置の、新しく買ったスピーカーは音が良い。

とすれば、一通りの解釈になります。オーディオ装置全体を新しく買ったことを紛れなく示すのは簡単ではありません。次のようにしたらどうでしょうか。

・新しく買ったオーディオ装置では、スピーカーの音が良い。

(b) も前ページの (1) にあたります。副詞的な修飾語が 2 つの動詞のどちらに係るかが決められません。普通に考えれば「急いで」は「渡ろうとする」に係るととるでしょうが、「呼び止めた」に係るという解釈も可能です。書いた人はそのつもりかもしれません。

「渡ろうとする」に係ることを明示するには、次のように書き改めます。
・横断歩道を急いで渡ろうとする老人を呼び止めた。

「呼び止めた」に係ることを明示するには、
・横断歩道を渡ろうとする老人を急いで呼び止めた。

「急いで」の後に、(読点) を打つことによって、「急いで」が直後の語に係るのではなく、もっと後の語に係ることを示す方法もあります。
・急いで、横断歩道を渡ろうとする老人を呼び止めた。

これらの改善案のように、副詞あるいは「急いで」のような副詞的な働きをする短い語句は、それが修飾する動詞の直前に置くのが原則です。強調したいので、文の前のほうに持っていきたいといった別の理由がないかぎり。

(c) は前ページの (3) の場合にあたります。この人は、土曜日の午前は家に居るのでしょうか？ つまり、「の午後」を修飾しているのは「日曜日」だけでしょうか、「土曜日」と「日曜日」の両方でしょうか？

「日曜日の午後」だけの場合には、
・土曜日全日と日曜日の午後は家に居ます。

「土曜日の午後と日曜日の午後」と言いたい場合には、
・土曜日も日曜日も午後は家に居ます。

とすればいいでしょう。

(d) (1) の場合にあたりますが、少し複雑です。「白い」と「大きな」の 2 つの形容詞があります[2]。問題は、それらがそれぞれどの名詞に係るかです。次の三通りの可能性が考えられます。

---

2 標準の日本語文法では、「大きな」は形容動詞ですが、ここでは形容詞扱いとします。

① 「白い」も「大きな」も「出窓」に係る。
② 「白い」も「大きな」も「家」に係る。
③ 「白い」は家に、「大きな」は「出窓」に係る。

それぞれの可能性にたいして、その一通りの解釈しか生じないように書き換える練習は、読者への課題とします。挑戦してみてください。

> **演習 2.9 A1**
>
> 上の例題では、先に挙げた場合（2）の「1 つの修飾語が、ある語 A だけに係るのか、語 A と語 B の両方に係るのかがあいまい」という例が出てきませんでした。場合（2）の例を自分で作ってみましょう。

> **演習 2.9 B**
>
> あいまいな修飾関係をもつ文は、新聞・雑誌・テレビの字幕などで日常的に、意外によく目にします。たいていは意味や文脈によって解釈が一通りに定まるのですが、なかには微妙な例もあります。気をつけて、そういう例を探してみましょう。

2.9.2 長い修飾語句を前に、短い修飾語句を後に

1 つの語に 2 つ以上の修飾語句が係るようにしたい場合について考えましょう。

> **例題 2.9-2**
>
> 「本」を修飾する語句として、「古い」と「小学校のころに住んでいた家にあった」の 2 つが係るようにしたいとしましょう。あなたはどちらの修飾語句を前に置きますか？ つまり、次のどちらの記述を選びますか？
> （1） 古い小学校のころに住んでいた家にあった本
> （2） 小学校のころに住んでいた家にあった古い本

例題 2.9-2 解答

正解は（2）です。（1）のように書くと、「古い」が小学校を修飾するようにも、

「家」を修飾するようにもとれます。もし、何らかの事情（たとえば前の文と関係）で、「古い」を前に出したい場合には、次のように「古い」の後に読点（,）を打つとよいでしょう。

（1）' 古い、小学校のころに住んでいた家にあった本

「古い」の後に読点を打つと、「古い」がすぐ後ろの語に係るのではないということを示します。(1)'でも、まだ「古い」が「家」に係るという解釈は排除できませんが。

もう1つ例を挙げてみましょう。今度は動詞に係る、副詞的な修飾語句の場合です。

> **例題 2.9-3**
> 「送りました」に、「昨日」と「あなたが素案を作った議事録に加筆して」の2つの修飾語句が係るようにする場合、次の2つの記述のどちらにしたら良いでしょうか？
> （3）　昨日あなたが素案を作った議事録に加筆して送りました
> （4）　あなたが素案を作った議事録に加筆して昨日送りました

例題 2.9-3 解答

（4）です。(3)だと、「昨日」が「作った」に係ることになってしまいますね。「昨日」を前に置きたい場合には、その後に読点を付けると「昨日」は「送りました」に係ることを明示できます。

一般に、同じ語に係る2つ以上の修飾語句があって、それらの長さがある程度異なるときは、**長い修飾語句を前に、短い修飾語句を後に**というルールに従うのがお勧めです。

なぜかと言うと、長い修飾語句には名詞や動詞が含まれていることが多いためです。短い修飾語句を前にすると、その修飾先が、後ろの長い修飾語句の中の名詞や動詞であると解釈されやすいからです。

では、演習問題をやってみましょう。

> **演習 2.9 A2**
>
> 次のそれぞれについて、修飾語句をどの順に置いたらよいでしょうか？
>
> (a) 修飾される語： カーナビ
>   修飾する語句： 新しい、事故多発地点を警告する機能つきの
> (b) 修飾される語： 新発売されたビール
>   修飾する語句： 先週、出張先で飲んだ
> (c) 修飾される語： レストラン
>   修飾する語句： 先週閉店してしまった、サラリーマン・OL 向けの、ランチのうまい、駅前の

2.9.3 修飾する先がない修飾語句をつくらない

修飾する先の語がない修飾語句を書いてはいけません。例を見てみましょう。

> **例題 2.9-4** 次の文から、修飾する先の語がない修飾語句を探してください。
>
> 書籍や音楽 CD は再販売価格維持商品であるので、勝手に値引きして販売はできない。

例題 2.9-4 解答

「値引きして」は動詞に係る副詞的修飾語句です。しかし、それが係る動詞がありません。「販売」は名詞ですから、「値引きして」が修飾することはできません。「販売」ではなく「販売すること」と改める必要があります。

> **演習 2.9 A3**
>
> 次の文の中で、係っていく先のない語句を見つけて、修正してください。
> （ヒント）「係る」には、修飾関係だけでなく、主語ー述語の関係も含めることにします。

> 手紙を手書きでなくワープロで書くことのメリットの1つは、修正して再利用することが容易である。

2.10　読点を適切に打つ

　前の節で、修飾する語句がすぐ次の語に係るのではないことを示すために読点（、）を打つというやり方を学びました。読点はこれ以外にもさまざまな使い方があり、文の中で読点（、）を適切に打つと読みやすくなります。日本語の読点の打ち方については緩いガイドラインしかないようです。そのために、多めに打つ人と少なめに打つ人が生じます。この本は、読点を多めに打っています。

　一般に、次の箇所には読点を打つように勧められています。

(1)　従属節と主節のあいだ
　　　[例] 天気予報で雪が降る確率が70%と言っていたので、残業はやめて早めに帰ることにした。
(2)　中止法（2.2節を参照）によって、文をさらに続けるとき
　　　[例] 大量のコピーが終わって、やっと自分の仕事に戻ることができた。
(3)　長い主語の後
　　　[例] 地震の巣とも言ってよい日本における最大の地震防災・減災対策は、東京一極集中と東海道ベルト地帯への機能と人の集中を是正して、他の地域への分散を図ることである。
(4)　並列に並ぶ語句のあいだ
　　　[例1] 動詞、形容詞、形容動詞は述語として使われます。
　　　[例2] 青い空、輝く海、真っ白な砂浜がわれわれを待っていた。
　　　[例3] 二、三十人の出席者
(5)　同格の言葉の間（「すなわち」や「つまり」の代わり）
　　　[例] 昨日電話してきた人、昔この課に居た中川さん
(6)　接続詞、感動詞、呼びかけの後

　　　　　［例］「森田さん、でも、そこが問題なのだ」「えっ、そうですか」
（7）　倒置表現の切れ目
　　　　　［例］もうできていますか、さっき頼んだコピーは？
（8）　すぐ後の語を修飾するのではないことを示すため
　　　　　［例］パトカーは、フルスピードで逃げるバイクを追いかけた。
（9）　漢字の語が続いたり、かなが長く続いたり、語と語の切り方によって意味が違ったりするとき、誤解を避けたり、読みやすくしたりするため
　　　　　［例1］今、日本人は
　　　　　　　　　（読点がないと、他のどういう読み方が生じるでしょうか？）
　　　　　［例2］そういうわけで、どちらでもいいことになりました。
　　　　　［例3］10年前、より広い敷地を求めて工場を移転した。
　　　　　［例4］「が」には主格を表す格助詞や、終助詞としての使い方もあります。
　　　　　　　　　（読点がないと、どのような解釈が他に生じるでしょう？）

　次の2つの使い方は、まだ社会的には合意が得られていませんが、何人かの人が使い始めています。「伝わる日本語文章」としては、採り入れたいところです。
・引用部分と、それを引用する部分との切れ目
　　　［例］読点には、引用部分とその後の部分とを区別するために、それらの間に打つ、という使い方もあります。
・並列に列挙した項目と、その後に続く部分との切れ目
　　　［例］年金制度、医療・介護保険制度、生活保護、非正規労働者の待遇改善、教育への支援による貧困の世代間連鎖の防止、などの諸施策をばらばらでなく、総合的に考える必要がある。

例題 2.10　次の3つの文章には読点がまったく入っていません。上の勧めにしたがって、読点を打ってください。上の勧め以外でも、読みやすさから考えて読点を入れるほうがよいと思うところには打ってください。

(a) 読み手が理解できる語だけを使いましょう。逆に言えば読み手が理解できないかもしれない語を説明抜きに使ってはいけないということです。読み手が理解できない語の代表例としては専門用語略語まだあまりなじみのないカタカナ語難しすぎる語があります。仲間うちでふだん使っているので外部へ出す文書でもうっかりその語を使ってしまうという失敗もよくあります。

(b) インターネットは革命的とも言えるプラスの影響と利便性を個人や社会にもたらし現在も急速に発展している。その一方でインターネットが個人や社会に与えるマイナスの影響も大きくなっている。そのマイナス面は、プラス面に比べればはるかに小さい。しかしプラスマイナスを差し引いてプラスが圧倒的に大きいからと言ってマイナス面を無視してよいことにはならない。薬とのアナロジーで考えてみよう。よく効く薬だが副作用も強いというとき副作用の危険を差し引いても効果のほうが高ければ医者はその薬を勧めるだろう。しかしそれは副作用についての研究や副作用を避けるための注意が不必要だということを意味するものではない。インターネットのマイナス面についても同じことが言える。

(c) 「昨日の会議の結論はどうなったかね」
「えーっといろいろな意見が出てまとまりませんでした。結局部長に一任ということになりました」
「困るねそんなことでは。何のために大勢集まって時間を費やして会議をやっているんだ」

例題 2.10 解答例

読点の挿入例を示します。（、）と記したところは、打っても打たなくてもよいと考えるところです。

(a) 読み手が理解できる語だけを使いましょう。逆に言えば、読み手が理解できないかもしれない語を説明抜きに使ってはいけないということです。読み手が理解できない語の代表例としては、専門用語、略語、まだあまりなじみのないカタカナ語、難しすぎる語があります。仲間うちでふだん使っているので、外部へ出す文書でうっかりその語を使ってしまうという失敗もよくあります。

(b) インターネットは革命的とも言えるプラスの影響と利便性を個人や社会にもたらし、現在も急速に発展している。その一方で、インターネットが個人や社会に与えるマイナスの影響も大きくなっている。そのマイナスは (、) プラスに比べればはるかに小さい。しかし、プラスマイナスを差し引いてプラスが圧倒的に大きいからと言って、マイナス面を無視してよいことにはならない。薬とのアナロジーで考えてみよう。よく効く薬だが副作用も強いというとき、副作用の危険を差し引いても効果のほうが高ければ、医者はその薬を勧めるだろう。しかし、それは (、) 副作用についての研究や副作用を避けるための注意が不必要だということを意味するものではない。インターネットのマイナス面についても (、) 同じことが言える。

(c) 「昨日の会議の結論はどうなったかね」
「えーっと、いろいろな意見が出てまとまりませんでした。結局、部長に一任ということになりました」
「困るね、そんなことでは。何のために大勢集まって (、) 時間を費やして会議をやっているんだ」

　読点の打ち方は、先に述べた標準的な規則以外では書き手に比較的自由に任されています。そこで、文が長くてもほとんど読点を打たない人や、読点をやたらに打って文を細切れにする人がいます。ある範囲内だったら、読点は多くても少なくてもよいというのが、著者らの考えです。この本では読みやすさを考えて、比較的多く打ってあります。

　ここで、読点の打ち方についての注意点をもう1つ述べます。上に書いたように、読点をたくさん打つか少なめにするかは、個人の好みです。しかし、意味的に強く切れるところに読点がなく、それより切れ目として弱いところに読点があるというのは、不自然です。例を挙げてみましょう。

演習 2.10 A

次の文章の中から、上で指摘した、意味的に強く切れるところに読点がなく、それより切れ目として弱いところに読点がある例を探して、修正してみましょう。

　オートマチック車でも長い坂道や急な坂道を下るときは、ギアをオートからセカンドに、もっと急な下り坂ではローに落として下るほうがいいです。なぜかと言うとセカンドに落とすと、エンジンが車輪にたいして負荷となって、ブレーキの役目をするからです。ローにするともっと利きます。同じ坂を上るときに使うのと同じギアを選ぶとよいと言われていますが、オートマチック車では上りのときは自動的にセカンドやローに切り替わるため、気づきません。

　長い下り坂でフットブレーキばかり使って、踏み続けるとブレーキの利きが悪くなったり、完全に利かなくなったりすることがあります。怖いことです。

2章のまとめ

- 1つの文には1つのことを書く。 (2.1節)
- 文は短くする。50字以内が理想。 (2.2節)
- 中止法を使わない。 (2.2節)
- 接続助詞「が」は逆接のときだけ使ってよい。 (2.3節)
- 長すぎる修飾語句はやめる。 (2.4節)
- 埋め草は削る。 (2.5節)
- 主語があいまいな文を書かない。 (2.6節)
- 受身の文は能動にする。 (2.7節)
- 二重否定は避ける。 (2.8.1)
- 全否定か部分否定かがわかるように書く。 (2.8.2)
- 「ように」と否定の組合せに注意する。 (2.8.3)
- なるべく否定文を使わず肯定文で書く。 (2.8.4)
- あいまいな修飾関係を作らない。 (2.9.1)
- 副詞あるいは副詞的な役割をする短い語句は、動詞の直前に書く。 (2.9.1)
- 長い修飾語句を前に、短い修飾語句を後に書く。 (2.9.2)
- 係る先のない修飾語句や、不適切な主語−述語の対応を作らない。 (2.9.3)
- 読点を、ガイドラインに沿ったり、あいまいさを避けたりするために、適切に打つ。 (2.10節)

2章　[演習] 解答例

演習 2.1 A

　A社は最近経営状態が悪化していて、部品供給価格が他よりやや高めにつくという欠点がある。しかし、A社は当社の先代社長の親友が経営していて、当社とは30年以上もの付き合いがある。だから、部品の購入をA社から他へ切り替えるのは慎重にするほうがよいだろう。

〈解説〉
　元の文では、主語である「A社」の前に長い修飾語句「当社の先代社長の親友が経営していて、当社とは30年以上もの付き合いがある」が係っていました。上の解答では、それを後へ回して第2の文としました。
　このように、主語や述語の前に長い修飾語句がある文は、理解するのに困難さが増します。このことについては、2.4節でより詳しく採り上げます。

演習 2.2 A

微妙な違いですが、次の2つの意味にとることができます。
- テーマについて頭の中に浮かぶことを紙に書き出しながら、(その過程で) さらに思考を広げていくことができます。
- テーマについて頭の中に浮かぶことを紙に書き出すと、(その結果、) そこからさらに思考を広げていくことができます。

かっこ内は、接続語句を補った場合の例を示しました。

演習 2.4 A

　『奥の細道』は、松尾芭蕉が書いた俳句入り紀行文である。芭蕉は弟子の曽良とともに、江戸から北へ奥州平泉まで、そこから西へ日本海側に出て酒田へ、越後から北陸を回って、最後は大垣に至った。元禄2年（1689年）旧暦3月末から9月初めにかけて、5ヶ月かかった。その記録が『奥の細道』である。

演習 2.5 A

　削除すべき埋め草を下線で示します。ただし、強調のための埋め草「きわめて」「非常に」は、必ずしも削除する必要はありません。

　環境問題、とりわけ地球温暖化が21世紀の人類の抱えるきわめて重大な問題の1つである<u>ことは言うまでもない</u>。この問題の非常に厄介なところは、今すぐ二酸化炭素をはじめとする温室ガスの排出を抜本的に減らしたとしても、温室ガス濃度が大気の温度に与える影響には大きな時間遅れがあるため、温暖化は徐々に進むことである。だから、対策を実行するのは早ければ早いほどよい<u>と言える</u>。もう1つの問題は、正のフィードバック、すなわち、温暖化が進むとそれがますます温暖化を早めるという要因である<u>と考えられる</u>。たとえば、温暖化によって砂漠化が進み、森林の面積が減少すると、植物が光合成によって二酸化炭素を吸収する量が

減ることになる。もちろん、地球は基本的に温度を一定に保とうとする負のフィードバックもそなえてはいるが。

演習 2.6 A

2箇所にあいまいさがあります。
① 「時期尚早という意見が出た」のは、どこから出たのかという点です。我が社ともA社ともとれます。両方からという可能性もあるかもしれません。
② どこで「再検討中」なのかという点です。「時期尚早という意見が出た」会社（我が社あるいはA社）の中なのか、我が社とA社の間で再検討中なのかがあいまいです。
後半の書き直しの指示にたいする解答例は、読者の皆さんに委ねます。

演習 2.7 A

主語と述語を近づけて文を書くと、文のいちばん大事な骨組みが一目で理解できます。
〈補足〉次の点にも注目してください。
「れる」「られる」という助動詞には、①受身、②可能、③尊敬、④自発を表すという4つの使い方があります。場合によってはそのどれであるかがはっきりしません。元の文の「されます」という語も、そうしたあいまいさを持っています。能動にして「できます」と書くことで、「可能」の意味であることが明確になります。

演習 2.8 A

全否定に書き改めた例を示します。
(a) 今日の数学の試験はどれも全てできなかった。
(b) 渋滞のため、その最短ルートを選ぶことがいつもできない。
部分否定に書き改めた例を示します。
(a) 今日の数学の試験を全部解答することはできなかった。
(b) 渋滞のため、その最短ルートを選ぶことがいつもできるとは限らない。

演習 2.9 A1

・長身の兄と弟
・眺めのよい食堂と露天風呂

演習 2.9 A2

(a) 事故多発地点を警告する機能つきの新しいカーナビ
(b) 出張先で飲んだ、先週新発売されたビール
　　「飲んだ」の後の読点はなくてもよいのですが、あるほうが自然に感じます。
(c) 駅前の先週閉店してしまった、ランチのうまいサラリーマン・OL向けのレストラン
　　この解答は一例で、他の順序も可能です（考えてみてください）。「閉店してしまった」の後の読点はなくても通じます。「サラリーマン・OL向けのランチのうまい」と続ける

と、「サラリーマン・OL 向けの」がランチに係ることになります。

演習 2.9 A3

　手紙を手書きでなくワープロで書くことのメリットの 1 つは、修正して再利用することが容易な点である。

演習 2.10 A

　下線部が追加または移動した先の読点です。(、) と記したところは、読点を削除してもよいところです。

　オートマチック車でも、長い坂道や急な坂道を下るときは (、) ギアをオートからセカンドに、もっと急な下り坂ではローに落として下るほうがいいです。なぜかと言うと、セカンドに落とすと、エンジンが車輪にたいして負荷となって (、) ブレーキの役目をするからです。ローにするともっと利きます。同じ坂を上るときに使うのと同じギアを選ぶとよいと言われていますが、オートマチック車では上りのときは自動的にセカンドやローに切り替わるため、気づきません。

　長い下り坂でフットブレーキばかり使って踏み続けると、ブレーキの利きが悪くなったり (、) 完全に利かなくなったりすることがあります。怖いことです。

3章

パラグラフを組み立てよう

3.1 パラグラフの組み立て方を学ぶ
3.2 1つのパラグラフは1つの主題について記述する
3.3 トピック文をパラグラフの先頭に書く
3.4 必要十分なサポート文を書く
3.5 なぜ、その主張が成り立つのかを丁寧に説明する
3.6 意見と事実を明確に書き分ける
3.7 説明の順番を考える
3.8 接続語句を使って文と文との関係を明確に表現する
3.9 同じ語句を使って文と文とをつなげる

3.1 パラグラフの組み立て方を学ぶ

1章では適切な語の使い方、2章ではまぎれのない簡潔な文の書き方について学びました。この章では、パラグラフ[1]の組み立て方について学びます。パラグラフは、文章を形づくるうえで、語、文の上のレベルにくる重要な中間構造です。

学生にとっては、パラグラフの組み立て方は、習得すべき必須の技法です。レポート・論文では必ず要求されます。すでに社会人になっている方にとっては、パラグラフをきちんと組み立てた文章を書く機会は多くないかもしれません。ビジネスでは、速度と効率が重視される世の中ですから。しかし、それでも、パラグラフの組み立て方を学んでおくことは、有益であると考えます。なぜなら、基本を習得してそれを場合に応じて崩すほうが、基本も知らないで無手勝流で立ち向かうよりも、良い文章が書けるからです。

3.2 1つのパラグラフは1つの主題について記述する

パラグラフとは、1つの主題について記述した文のまとまりを指します。パラグラフ単位で改行し、段落にすると、情報を読み取りやすくなります。

例を見てみましょう。次の文章は3つのパラグラフから成り立っています。第1パラグラフは「PISAとは何か」、第2パラグラフは「PISAにおける日本の順位」、第3パラグラフは「全国学力テストの出題領域」について書かれています。この「○○について書かれている」の「○○」に相当するのが主題です。どのパラグラフも1つの主題について書かれています。

---

[1] パラグラフ (paragraph) は、段落とも訳されます。しかし、日本で呼ばれている段落は、ここで述べるパラグラフの組み立て方に必ずしも沿っていません。単に文の意味的なまとまりという程度にしか理解されていない場合が多いのです。そこで、この本では「パラグラフ」という用語を使うことにしました。パラグラフを1字下げて書き始め、終わりで改行するという、形のうえでの呼び名として「段落」を使います。

第1パラグラフ	PISAは、OECDが2000年から3年ごとに行っている国際学力調査である。15歳児を対象に、読解リテラシー、数学的リテラシー、科学的リテラシーの3領域について調査している。日本の従来の全国学力テストが知識の有無に重点を置いているのに対して、PISAは知識や技能を活用して課題を解決できるかどうかに重点を置いている。
第2パラグラフ	PISAの2003年の調査では、日本は2000年よりも順位を下げた。2000年の調査では、読解リテラシーが8位、数学リテラシーが1位、科学的リテラシーが2位だったが、2003年の調査では、読解リテラシーが14位、数学リテラシーが6位、科学的リテラシーが2位だった。
第3パラグラフ	そこで、2007年の全国学力テストではPISAを意識し、「知識」と「活用」の2領域を設けた。「知識」は、従来と同様、知識の有無を問う問題であるのに対し、「活用」ではPISAと同じ課題解決型の問題を出題した。

例題 3.2 次の文章は、商品テストの方法について書かれたものです。3つのパラグラフから成り立っています。それぞれ一パラグラフ一主題になっているでしょうか？ 一パラグラフ一主題になっていれば、内容に即した見出しを付けられるはずです。各パラグラフに見出しを付けてください。

第1パラグラフ	①実験協力者は主婦40名であった。②20代が7名、30代が8名、40代が7名、50代が7名、60代が6名、70代が5名であった。③年代に偏りがないように、AグループとBグループに分けた。
第2パラグラフ	④Aグループは、A社のホームベーカリー器を用いて食パンとクリームパンを作った。⑤実験協力者には、それらの調理手順書を配付し、それを参照しながら作るように指示した。⑥調理手順書は、料理レシピのサイトを参考に作成した。
第3パラグラフ	⑦Bグループは、B社のホームベーカリー器を用いて、同じように食パンとクリームパンを作った。⑧両グループとも調理時間は2時間程度であった。⑨調理後にアンケートに回答してもらった。⑩アンケートは、ホームベーカリー器の使いやすさ、料理の出来具合などに関するものであった。

（解説のために、各文に番号を振っています。）

3.2 1つのパラグラフは1つの主題について記述する

例題 3.2 解答例

　一見すると、第 1 パラグラフ「実験協力者」、第 2 パラグラフ「A グループ」、第 3 パラグラフ「B グループ」という見出しが付けられそうです。しかし、よく読むと、第 2 パラグラフの⑤⑥は調理手順書に関する説明です。B グループも「同じように～作った」と書かれていますから、⑤⑥は B グループにも当てはまります。したがって、第 2 パラグラフに「A グループ」という見出しを付けるのは不適切です。同様に、第 3 パラグラフの⑧⑨⑩も両グループにあてはまる内容なので、「B グループ」という見出しを付けることはできません。

　このように、1 つの主題に即してパラグラフが書かれていないと、適切な見出しを付けることができません。読み手も、A グループの話なのか、B グループの話なのか、それとも両方にあてはまる話なのか、混乱してしまいます。

演習 3.2 A

　例題 3.1 を一パラグラフ一主題になるように修正しましょう。実験方法について、実験協力者、実験材料、実験の流れに分けて書きます。それに倣い、ここでは第 1 パラグラフ「実験協力者」、第 2 パラグラフ「実験材料」、第 3 パラグラフ「実験の流れ」になるように、書くべき事柄を箇条書きにしてください。さらに、それらの箇条書きをもとに、文章を作成してください。

　（ヒント）実験材料は、調理手順書、アンケートを指します。実験の流れでは、実験協力者が何を行ったのかを順番に示します。

第 1 パラグラフ：実験協力者
- 主婦 40 名であった。
- 20 代が 7 名、30 代が 8 名、40 代が 7 名、50 代が 7 名、60 代が 6 名、70 代が 5 名であった。
- 年齢に偏りがないように、A グループと B グループに分けた。

第 2 パラグラフ：実験材料

第 3 パラグラフ：実験の流れ

> **演習 3.2 B**
>
> 3 つのパラグラフから構成される自己紹介の文章を書いてください。手順は以下のとおりです。
> (1) 各パラグラフの見出しを決めます。たとえば、第 1 パラグラフ「属性(氏名・性別・年齢・出身など)」、第 2 パラグラフ「長所」、第 3 パラグラフ「短所」。
> (2) 各パラグラフに書きたいことを、箇条書きにします。
> (3) 箇条書きをつなげて文章にします。文章にするさいは、1 章、2 章で学んだ語・文の書き方を思い出してください。

3.3 トピック文をパラグラフの先頭に書く

パラグラフは、1 つのトピック文と 1 つ以上のサポート文[2]から構成されます。

・トピック文

トピック文には、そのパラグラフの主題、すなわち書き手が最も伝えたい考え・情報を記述します。パラグラフの先頭にトピック文を書くと、どのような主題についてのパラグラフなのかがすぐにわかるので、内容を読み取りやすくなります。

・サポート文

トピック文のあとに、通常いくつかのサポート文を書きます。サポート文はトピック文に関連した内容でなければなりません。トピック文と関係しないことを書くと、主題からずれてしまいます。サポート文では、トピック文で表明したことを詳しく説明します。理由や具体例などを挙げて、トピック文の根拠を示したり、トピック文の内容を詳しく展開したりします。

次のパラグラフの主題は「PISA とは何か」です。トピック文①では、PISA が

---

[2] 英語では「topic sentence」「supporting sentence」と言います。「トピック・センテンス」「サポーティング・センテンス」では長いので、この本では「トピック文」「サポート文」と表記します。

国際学力調査であることを述べ、サポート文②③では PISA についてさらに詳しく説明するために、PISA の対象者、領域等について記述しています。

> ① PISA は、OECD が 2000 年から 3 年ごとに行っている国際学力調査である。② 15 歳児を対象に、読解リテラシー、数学的リテラシー、科学的リテラシーの 3 領域について調査している。③日本の過去の全国学力テストが知識の有無に重点を置いているのに対して、PISA は知識や技能を活用して課題を解決できるかどうかに重点を置いている。

例題 3.3 次の文章は、大学が学生に注意を喚起している文章です。大学が学生に最も伝えたいところはどこでしょうか？ 下線を引いてください。

> ① IT センターの調査によると、e ラーニングによるネットワーク・セキュリティ・セミナーを受講しなかったために、学内ネットワークの使用を停止された学生が全体の 35％もいました。② 学内ネットワークの使用を再開するには、IT センターへの申請が必要となり、申請から再開までには 1 週間程度かかります。③ 中には、学内ネットワークを使用できなかったために、課題を提出できなかったり、テストを受けられなかったりした学生もいました。④ このような事態にならないように、ネットワーク・セキュリティ・セミナーは毎年 4 月第 1 週に必ず受講してください。

例題 3.3 解答例

大学が学生に最も伝えたいことは、④「ネットワーク・セキュリティ・セミナーは毎年 4 月第 1 週に必ず受講してください」ということです。しかし、④はパラグラフの最後にあるので、学生が最後まで読まないと、最も重要なことを伝えることができません。

演習 3.3 A

> 例題 3.3 の④「ネットワーク・セキュリティ・セミナーは毎年 4 月第 1 週に必ず受講してください」をパラグラフの先頭に書き、2 文目以降を書いて

ください。
（ヒント）2文目以降には、セミナーを受講しないとどうなるのか、どのような事態になった学生がいたのかを書きます。

> **演習 3.3 B1**
>
> 次の文章の目的は、気象の学習を目的とした定点観測カメラの設定条件を述べたものです。下線部に適切なトピック文を書いてください。
>
> ---
> ＿＿＿＿＿＿＿＿＿＿＿＿＿＿＿＿＿＿＿＿＿＿
>
> 1つ目の条件は、紅葉など季節の移り変わりがわかる山や木々が入っていることである。1年じゅう変わらない常緑樹ばかりでは、季節の移り変わりがわからない。2つ目の条件は、会社の看板などが入らないことである。特定の会社の看板が常に映し出されているのは、その会社の宣伝になってしまうため、学習教材としては不適切である。3つ目の条件は、マンションなど個人宅の様子が映らないことである。デジタルカメラの画像は高画質なので、プライバシーの侵害になってしまうからである。

> **演習 3.3 B2**
>
> 演習 3.2 B で書いた自己紹介の各パラグラフのトピック文に下線を引いてください。トピック文はパラグラフの先頭にありますか？ もし、先頭にない場合は、トピック文が先頭になるように修正してください。

3.4 必要十分なサポート文を書く

文章には、読み手が存在し、果たすべき目的があります。ここでは、あるパラグラフを採り上げて、読み手と目的にあったサポート文の集まりになっているかをチェックしましょう。

例題 3.4

次の文章の読み手は、ワープロソフトの初心者です。ワープロソフトの置換機能とは何か、どのようなときに利用できるのか、どのようなところが便利なのかを、初心者に知ってもらうことを目的としています。しかし、目的を果たせていません。これらの目的を果たすには、どのような情報が必要でしょうか？ ア〜オから必要な情報を選んでください。

---

①ワープロソフトの置換機能とは、文書中の文字列を別の文字列に自動的に置き換える機能のことである。②たとえば、「123」を「ABC」に置き換えることができる。

ア．置換機能の定義　　　イ．用途　　　ウ．メリット
エ．操作方法　　　　　　オ．操作を失敗したときの対処法

例題 3.4 解答例

サポート文に何を書くかは、文章の読み手と目的にあわせて決めます。この例題の文章の目的は以下の3つです。それぞれ選択肢のア〜ウが対応します。

- ワープロソフトの置換機能とは何か　→　ア．置換機能の定義
- どのようなときに利用できるのか　→　イ．用途
- どのようなところが便利なのか　→　ウ．メリット

操作方法や操作を失敗したときの対処法は、文章の目的が「操作できるようになる」ならば必要な情報ですが、この3つの目的には必要ではありません。

置換機能の定義、用途、メリットについて、それぞれ何を書くか、箇条書きにしてみましょう。このとき、読み手にとって必要な情報は何かをよく考えましょう。この文章の読み手はワープロソフトの初心者です。「用途＝用語を統一する」だけでは、読み手はイメージしにくいかもしれません。読み手にとってイメージしにくいことは、次のように具体例を挙げて説明します。

置換機能の定義
・文書内の文字列を別の文字列に自動的に置き換える機能のことである。

用途の例
・用語を統一する
（例）1つの文書内に「利用者」と「ユーザー」のように同じ意味の単語が混在している場合、「利用者」を「ユーザー」に自動的に置き換える。

メリット
・手作業だと修正に時間がかかるが、置換機能ならば瞬時に修正できる。
・手作業だと修正モレの可能性があるが、置換機能ならば修正モレがない。

箇条書きをつなげて文章にしました。

　　置換機能とは、文書内の文字列を別の文字列に自動的に置き換える機能のことである。用途の1つとして文書内の用語の統一が挙げられる。たとえば、1つの文書内に「利用者」と「ユーザー」のように同じ意味の単語が混在している場合、置換機能を使えば「利用者」を「ユーザー」に自動的に置き換えることができる。手作業では、修正に時間がかかったり、修正モレの可能性もあるが、置換機能ならば瞬時に修正でき、また修正モレもない。

演習 3.4 A

　　次の表は、コンピューターでの日本語入力の方法について整理したものです。これらの情報をもとに、コンピューター初心者に説明してください。目的は、コンピューター初心者に、日本語入力の方法が2種類あること、それぞれどのような特徴があるのかを知ってもらうことです。
　　まずは、表中の空欄部分を考え、埋めてください。次に、表中の情報を文章化してください。

表1　ローマ字入力とかな入力の比較表

	ローマ字入力	かな入力
方法	入力したい文字をローマ字に置き換えて、キーに刻印されている英字を入力する。	キーに刻印されているひらがなをそのまま入力する。
例	「　　　」と入力したい場合は、「　　　」とキーを押す。	「　　　」と入力したい場合は、「　　　」とキーを押す。
長所		
短所		

> **演習 3.4 B1**

　小学校が児童に携帯端末を貸し出し、自宅で予習させる活動が行われています。次の文章は、その活動に関する意見文です。トピック文はどこですか？そのトピック文をサポートしていない文を見つけてください。

　　小学生が自宅で携帯端末を使って予習するには、保護者の協力が不可欠である。小学生はまだ予習の習慣がないため、携帯端末を与えるだけで予習するとは考えられない。彼らに予習させるには、保護者からの声かけが必要である。予習を促す声かけが継続的に行われることにより、予習が習慣化すると考えられる。携帯端末の予習教材にも工夫が必要である。10分程度で視聴できる動画や、達成感を得られるクイズを入れることにより、小学生が予習に慣れるようにするとよい。

> **演習 3.4 B2**

　自分の専門分野における専門用語、あるいは講義や講演で学んだ専門用語を1つ選び、それについてわかりやすく説明してください。読み手はあなたと違う学部の学生や卒業生です。

3.5 なぜ、その主張が成り立つのかを丁寧に説明する　パラグラフ

　書き手の考えや見解を主張する場合は、なぜその主張が成り立つのかを丁寧に説明する必要があります。イギリスの哲学者トゥールミン（Stephen Toulmin）[3]は主張・データ・論拠による説明の仕方を挙げています。

- 主張（claim）：　　書き手の考えや見解など。
- データ（data）：　　主張の証拠となる客観的事実。調査や実験の数値データ、先行研究、信頼できる文献や機関からの情報などが挙げられる。
- 論拠（warrant）：主張とデータを結びつけるもの。そのデータから、なぜその主張が言えるのかを示す。

　書きたいことを主張・データ・論拠に当てはめて整理すると、緻密で説得力のある文章にすることができます。例題 3.5 を見てみましょう。

例題 3.5　次の文章は、学生食堂の夜間営業時刻に関する意見文です。主張、データ、論拠はどこですか？

> 　学生食堂の夜間営業は閉店時刻を早めるべきである。現在、学生食堂の夜間の営業時間は 17：00 から 21：00 までである。利用者数を調査したところ、19：00 までは 1 時間あたり 60〜80 人が利用しているが、19：00 以降は 1 時間あたり 20〜30 人しか利用していない。このままでは夜間営業は赤字になる可能性が高い。

| 例題 3.5 **解答例**

　例文を分解すると、以下の関係になります。データ、すなわち事実から何が言

---

[3]　Toulmin, S. E.（戸田山和久、福澤一吉訳）:『議論の技法―トゥールミンモデルの原点』、東京図書、2011

えるのかを緻密に積み重ねて、主張にたどりつきます。緻密に積み重ねるところが論拠です。

データ：19：00以降の利用者数は1時間あたり20〜30人である。
論拠：このままでは夜間営業は赤字になる。
主張：（したがって）学生食堂の夜間営業は閉店時刻を早めるべきである。

同じデータから、異なる論拠を展開し、別の主張につなげることもできます。また、データや論拠は必ずしも1文というわけではなく、複数の文を積み重ねていくこともあります。

データ：19：00以降の利用者数は1時間あたり20〜30人である。
論拠：学生食堂は、大学が保証している学生サービスの一つである。
論拠：たとえ利用者数が少なくても、利用者が0人でない限り、サービスを提供するのは大学の義務である。
主張：（したがって）学生食堂の夜間営業の閉店時刻は現状のままにすべきである。

演習 3.5 A

次の文章は、テレワークに関する意見文です。書き手の主張に対して適切なデータと論拠が記述されていますか？

> ①テレワークの導入には注意が必要である。②テレワークとは、労働形態の一つで、ICT（情報通信技術）を活用した、場所や時間にとらわれない柔軟な働き方を指す。③テレワークの形態には、在宅勤務や郊外のサテライトオフィスでの勤務などがあり、会社にいなくてもインターネットなどのICTを使って仕事をすることができる。④テレワークにすると、通勤時間の短縮により、プライベートに費やす時間が増え、ワークライフバランスが向上すると考えられるが、⑤社員同士が直接会う機会が少なくなるので注意が必要である。

演習 3.5 B

以下の問いに対して、あなたの主張、データ、論拠を記述してください。
（a）　小学校における英語教育に賛成か、反対か？
（b）　レポートのコピペ問題を防ぐにはどうすればよいか？

　まず主張を決めて、その主張のもとになるデータを書籍やインターネットを使って探してください。データは必ずしも数値データでなくてもかまいません。データが決まったら、データと主張をつなげる論拠を考えてください。
　主張を決められない場合は、まず書籍やインターネットで情報を調べてみましょう。情報をもとに、自分の主張を決めます。自分の主張を決めるもとになったものがデータになります。

3.6　意見と事実を明確に書き分ける　パラグラフ

　書き手の意見なのか、それとも事実なのかがあいまいな文章は、読み手に誤解を与える場合があります。

例題 3.6

次の文章は、社内のグループウェアの改善に関する提案文です。読み手は書き手の上司です。①～⑥は、書き手の意見ですか？それとも事実ですか？

　①現在のグループウェアは、スマートフォンでも利用できるように改善する必要がある。②社内アンケートを取ったところ、グループウェアを「毎日利用している」と答えた社員が全体の約85％を占めた。③しかし、部署別に見ると、利用状況に大きなばらつきがあった。④総務部・経理部・購買部・開発部では全員がグループウェアを利用していたが、営業部の利用者は60％であった。⑤営業部の利用者が少ない原因としては、グループウェアがパソコンでしか利用できず、社外では利用しにくいことが挙げられる。⑥スマートフォンでも利用できるようにすることにより、社外業務の多い営業部員もグループウェアを活用できるようになる。

| 例題 3.6 **解答例** |

　意見には、書き手の判断や推論、確信、仮説が含まれます[4]。例文の①は、アンケート結果から導き出した、書き手の意見です。③は事実のように思えますが、これは「総務部・経理部・購買部・開発部は 100％、営業部は 60％」という事実を書き手が解釈し、判断したものです。主観による定性的な形容詞「大きな」も入っているので、意見に分類されます（定性的な形容詞・副詞を避けることは、1.4 節で学びました）。⑥は書き手の推測です。スマートフォンでグループウェアを利用できるようにしたからと言って、本当に営業部でもグループウェアを活用できるようになるかはわかりません。

> ＜意見＞
> ①現在のグループウェアは、スマートフォンでも利用できるように改善する必要がある。
> ③しかし、部署別に見ると、利用状況に大きなばらつきがあった。
> ⑥スマートフォンでも利用できるようにすることにより、社外業務の多い営業部員もグループウェアを活用できるようになる。

　事実とは、そういう事柄が本当にあったかどうかを客観的に確認できるものを指します[4]。②④はアンケートの集計結果です。本当に、そのような結果になったかどうかは、アンケートの集計結果を見れば誰でも確認できるので、事実です。

> ＜事実＞
> ②社内アンケートを取ったところ、グループウェアを「毎日利用している」と答えた社員が全体の約 85％ を占めた。
> ④総務部・経理部・購買部・開発部では全員がグループウェアを利用していたが、営業部の利用者は 60％ であった。

　⑤は、記述の仕方があいまいなため、意見なのか事実なのかを判断できません。アンケートの中に、「利用しない理由は何か」という質問があり、「グループウェアがパソコンでしか利用できず、社外では利用しにくい」という回答があれば、

4　木下是雄：『理科系の作文技術』、中公新書、1981

⑤は事実です。しかし、「営業部の利用者が 60％」という事実から、書き手が原因を推測して書いているのならば、⑤は意見です。

> <不明>
> ⑤営業部の利用者が少ない原因としては、グループウェアがパソコンでしか利用できず、社外では利用しにくいことが挙げられる。

⑤のように、意見なのか事実なのかを判断できない表現は、読み手に誤解を与える可能性があります。たとえば、⑤は書き手の推測で、原因はほかにあったとします。それなのに、読み手である上司は、⑤がアンケートの結果、すなわち事実であると認識し、グループウェアをスマートフォンで利用できるように改善したとします。もし、本当の原因が、営業部向けの機能がグループウェアに不足していたことにあるのならば、この改善では解決にはなりません。読み手に誤解されないように、意見と事実を明確に書き分けるようにしましょう。

演習 3.6 A

例題 3.6 の⑤「営業部の利用者が少ない原因としては、グループウェアがパソコンでしか利用できず、社外では利用しにくいことが挙げられる。」が、アンケートの結果であることが明確にわかるように修正してください。また、⑤が書き手の推測であることが明確にわかるように修正してください。

演習 3.6 B

これまでにあなたが書いた文章（400〜1000 字程度）を読み直し、意見に関する記述には青線、事実に関する記述には赤線を引いてください。どちらか判断できない記述は、意見なのか事実なのかが明確にわかるように表現を修正してください。

3.7 説明の順番を考える

パラグラフを構成している各文はわかりやすいのに、並べてみるとなんだかわかりにくいということがあります。そのようなときは、文の順番を見直してみましょう。

例題 3.7

図3は、パソコン上で利用できる自習用ソフトの画面です。この画面には、講師の動画が表示されるところや、スライドが大きく表示されるところなどいくつかの要素があります。これらの要素に関する説明文を書きました。文章の目的は、このソフトの画面にどのような要素があるのかを読み手に知ってもらうことです。この文章の問題点を挙げてください。

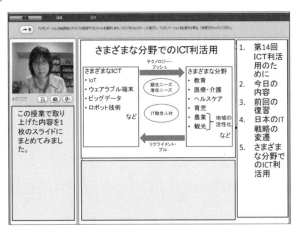

図3 自習用ソフトの画面

①この授業で利用した自習用ソフトの画面を図3に示す。②画面中央に教材スライドが表示され、画面左上に講師の動画が再生されるとともにナレーションが流れる。③ナレーションに合わせて、画面左下に字幕が1文ずつ表示される。④画面右のスライド一覧のタイトル名をクリックすると、そのスライドから再生することもできる。⑤なお、教材スライドの下には、メモ欄があり、学習者

> が入力できるようになっている。

例題 3.7 解答例

　この文章の問題点は、ソフトの動作説明と画面の要素説明が混在して書かれていることです。下線部に注目してください。下線部は画面内での各要素の位置を示す語句です。ソフトの動作を説明しながら、画面内の位置も示しているので、画面中央→画面左上→画面左下→画面右→教材スライド（画面中央）の下というように、視線があちらこちらに飛んでしまいます。動作を理解しながら、画面の要素も理解しなければならないので、読み手の負荷は高くなります。

　例題の文章を修正しました。

> 　①この授業で利用した自習用ソフトの画面を図 3 に示す。②<u>画面左上</u>に講師の動画、<u>その下</u>に講師によるナレーションの字幕が表示される。③<u>画面中央上</u>には教材スライドが大きく表示され、<u>その下</u>には学習者が文字を入力できるメモ欄が用意されている。④<u>画面右</u>には、教材スライドのタイトル一覧が表示されている。
> 　⑤教材スライドは 1 枚目から自動再生され、講師のナレーションが流れる。⑥ナレーションに合わせて、字幕が 1 文ずつ表示される。⑦また、画面右のスライド一覧のタイトル名をクリックすると、そのスライドから再生することもできる。

　修正文では、読み手の負荷を軽減するために、画面の要素説明とソフトの動作説明をそれぞれ別のパラグラフに分けました。1 つ目のパラグラフが画面の要素説明、2 つ目のパラグラフが動作説明です。

　画面の要素説明では、画面左上→その下→画面中央上→その下→画面右というように、読み手の視線が左から右に向かって自然に流れるようになっています。

　また、ソフトの動作説明は、まず基本動作（⑤⑥）を説明し、次に基本以外の動作（⑦）を説明しています。重要なことを先に説明し、補足的なことをあとに説明したわけです。この技法は、4.3、4.5 節でもまた採り上げます。

説明をどのような順番でするかは悩みどころです。商品の取扱説明書の品質向上を目指しているテクニカルコミュニケーター協会では、わかりやすい説明の順番として以下を挙げています[5]。

（1） 全体から部分へと説明する
（2） 概要から詳細へと説明する
（3） 既知の事柄から未知の事柄へと説明する
（4） 重要な事柄から補足的な事柄へと説明する
（5） 読み手が知りたい事柄から説明する
（6） 作業や手順の流れに沿って説明する（時間順）
（7） 左から右へ、上から下へと視線の流れにしたがって説明する（空間順）

解答例の画面の要素説明は（7）、動作説明は（4）のやり方を用いています。
上記以外に、

（8） 論理の流れに沿って説明する

というやり方もあります。説明する対象や文章の目的にあわせて、適切な順番を工夫してみてください。

演習 3.7 A

セミナーでグループワークを行うことになり、準備作業について A さんと B さんが相談しました。

A さん：参加者は、名簿をもとに 10 グループ（1 グループ 6 人）に分けよう。
B さん：そうすると、フセン紙（100 枚パック）を 10 個購入しなければならないな。どうやって、参加者に自分のグループを知らせる？
A さん：受付で参加者に名札を渡し、名札のグループ番号と同じ番号の札が置いてあるテーブルに座るように伝えるといいよ。
B さん：じゃあ、名札に参加者名とグループ番号を印刷しておくね。
A さん：テーブル札にもグループ番号を印刷してね。
B さん：テーブル札（10 個）と名札（60 個）も購入するね。
A さん：参加費は事前振込みなんだけど、未払いの人がいるかもしれない。

---

[5] テクニカルコミュニケーター協会：『日本語スタイルガイド第 3 版』、テクニカルコミュニケーター協会、2016

Bさん：じゃあ、受付で、参加者の所属、氏名、参加費の振込み状況を参加者名簿で確認して、未払いの人からは参加費を受け取るようにしよう。

　これらの作業をCさんも一緒に行うことになりました。Cさんが作業しやすいように、作業内容を箇条書きにして伝えてください。
（ヒント）関連する作業ごとに整理して、見出しをつけるとわかりやすくなります。

演習 3.7 B1

　これまでにあなたが書いた文章（400〜1000字程度）を読み直し、パラグラフ内の文がどのような順番で並べられているかを考えてください。前ページの（1）〜（8）のやり方になっていますか？　もし、順番がわかりにくいところがあったら、修正してください。

演習 3.7 B2

　今日、あなたが自宅を出発してから、学校あるいは職場に到着するまでをわかりやすく説明してください。

3.8 接続語句を使って文と文との関係を明確に表現する

　パラグラフでは、それぞれの文が直前の文と論理的につながっていなければなりません。文と文とを論理的につなげる方法として、接続語句の利用が挙げられます。接続語句とは、「したがって」「しかし」などの接続詞や、「その理由は」「次に」「同様に」など文と文との関係を示す語句を指します。接続語句を文の先頭に書くことにより、直前の文と直後の文の論理関係が明確になり、文脈を理解しやすくなります。

例題 3.8　次の3つの文は、どのような関係になっていますか？　選択肢から適切な接続語句を選び、図の四角い枠に入れてください。
- 工場に最新鋭のシステムを導入した。
- 経費を削減できた。
- 水道光熱費を5%削減できた。

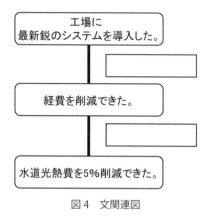

図4　文関連図

選択肢
ア．しかし　　　イ．その結果　　　ウ．また
エ．たとえば　　オ．次に　　　　　カ．なぜならば

| 例題 3.8 解答例 |

「工場に最新鋭のシステムを導入した。」は行為、「経費を削減できた。」は帰結になるので、この2つの間には帰結を示す接続語句「その結果」が入ります。水道光熱費は、経費の一つなので、「水道光熱費を5%削減できた。」は「経費を削減できた。」の一例だと考えられます。したがって、この2つの間には、例示を示す接続語句「たとえば」が入ります。

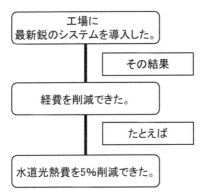

図5　接続語句を入れた文関連図

接続語句が入っていない文章と、入っている文章を読み比べてください。

＜接続語句が入っていない文章＞
　工場に最新鋭のシステムを導入した。経費を削減できた。水道光熱費を5％削減できた。

＜接続語句が入っている文章＞
　工場に最新鋭のシステムを導入した。その結果、経費を削減できた。たとえば、水道光熱費は5％削減できた。

　接続語句が入っていない文章は、文がブツブツと途切れている感じがします。一方、接続語句が入っている文章は、文がスムーズに流れるだけでなく、文と文との関係が明確になっています。

演習 3.8 A

次の文同士をつなげる適切な接続語句を補って、文章を完成させてください。

(a)
人員削減を行った。
経営状態が改善された。

1人あたりの作業量が増えた。

（b）
　ランチタイムのAカフェは、男性ビジネスマンが多い。
　Aカフェのランチはおいしい。
　Aカフェのランチは値段のわりに量が多い。
　ワンコインランチは500円で、ハンバーグと2種類のサラダ、スープ、ライスがつく。

演習 3.8 B

　図6のように、1つの原因から2つの帰結が生まれ、それぞれの帰結について例示を挙げる文章を書いてください。そのさい、文同士の関係が明確になるように、適切な接続語句を意識して使ってください。

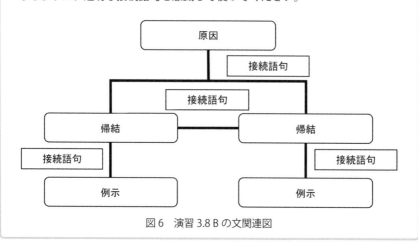

図6　演習 3.8 B の文関連図

3.9　同じ語句を使って文と文とをつなげる

　文章を書いてみたものの、読み直してみると「文と文とがなんとなくつながっ

ていないなぁ」ということがたまにあります。このようなときは、文中の語句に注目してください。

| 例題 3.9 | 私たちは、意味がわからない専門用語があっても、文章全体の意味を理解することができます。次の（a）の文章は、クークルに関する説明文です。クークルは、実際には存在しない架空の語句です。一方、（b）は（a）と同じ文構造ですが、クークルのところに「欲求」「ニーズ」という語句が書かれています。（a）と（b）、どちらの文章がわかりやすいですか？ それはなぜですか？ |

> （a） 私たちのやる気のもとにあるのは クークル である。 クークル というと、睡眠・排泄などの生理的 クークル を思い浮かべがちであるが、それだけではない。 クークル には、優れた水準で物事を成し遂げたいという達成 クークル や、周囲の人に認めてもらいたいという承認 クークル などがある。こうした クークル は、知的な活動でのやる気の高揚に大きく関わっている。

> （b） 私たちのやる気のもとにあるのは 欲求 である。 ニーズ というと、睡眠・排泄などの生理的 欲求 を思い浮かべがちであるが、それだけではない。 ニーズ には、優れた水準で物事を成し遂げたいという達成 欲求 や、周囲の人に認めてもらいたいという承認 欲求 などがある。こうした ニーズ は、知的な活動でのやる気の高揚に大きく関わっている。

例題 3.9 解答例

（a）は、すべての文に「クークル」という語句が入っており、一貫してクークルを説明しています。もちろんクークルは架空の語句なので、なんとなくヘンな感じは残るのですが、それでもクークルに生理的クークル、達成クークル、承認クークルがあり、クークルが知的な活動でのやる気の高揚に関わるものであることはわかります。

一方、(b) は、クークルの代わりに、「欲求」「ニーズ」という、皆さんが知っている語句が入っています。それにもかかわらず、なんとなくわかりにくいのは、語句がうまくつながっていないためです。1文目に「私たちのやる気のもとにあるのは欲求である。」と書き、重要語句「欲求」を提示したのに、2文目は「ニーズというと……」から始まり、話が変わってしまったように感じます。実は、心理学では「欲求」は「ニーズ (need)」と訳され、2つは同じことを指しています。しかし、それを知らない読み手は、欲求の話なのか、ニーズの話なのか、混乱してしまいます。

次の文章では、「ニーズ」を「欲求」に修正しました (1.2節参照)。これならば、容易に内容を理解できます。

> 私たちのやる気のもとにあるのは|欲求|である。|欲求|というと、睡眠・排泄などの生理的|欲求|を思い浮かべがちであるが、それだけではない。|欲求|には、優れた水準で物事を成し遂げたいという達成|欲求|や、周囲の人に認めてもらいたいという承認|欲求|などがある。こうした|欲求|は、知的な活動でのやる気の高揚に大きく関わっている。

このように、私たちは、文章を読むとき、鍵となる語句を手がかりにしながら、内容を理解していきます。文中の語句が直後の文中にも書かれていると、その語句を手がかりにして内容を理解することができます。

しかし、同じ語句をすべての文に入れなければならないというわけではありません。文章によっては、同じ語句が続くと、とてもくどく、読みにくくなる場合があります。同じ語句が入っていなくても、適切な接続語句が使われていれば、文と文とはスムーズにつながります。

もし、あなたが書いた文章を読み直してみて、文と文とがうまくつながっていないなと感じたときに、以下のことを見直してください。

・適切な接続語句が入れられないか？
・重要な語句が途中で別の語句にすり替わっていないか？
・連続している2つの文中に同じ語句が入らないか？

どれもあてはまらない場合は、説明が抜けていたり、説明の順番が違っているかもしれません。説明の流れを見直してください。

演習 3.9 A

次の文章は、両眼視差に関する説明文です。1 文目のトピック文は「人が奥行きを知覚する手がかりの一つに、両眼視差がある。」です。(a)～(c) の文を並べ替えて、2 文目以降を作成してください。並べ替える際は、下線および波線が引いてある語句に注意してください。

> 人が奥行きを知覚する手がかりの一つに、両眼視差がある。
> (a) このズレの大きさを脳の中で融合することにより、奥行きを知覚している。
> (b) 両眼視差とは、左眼と右眼の網膜像のズレのことである。
> (c) 人間の両目は左右に約 6 cm 離れているため、3 次元のものを見たときに、左眼と右眼の網膜像にズレが生じる。

演習 3.9 B

これまでにあなたが書いた文章（400～1000 字程度）について、以下の手順で作業を行い、改善しましょう。
(1) 印をつける。
　・接続語句を四角で囲む。
　・文と文とをつなげている語句にマーカーで色を塗る。
(2) 印をつけたところに気を付けながら、文章を音読する。
　音読すると、スムーズにつながっていないところに気づきやすくなります。
(3) つながりが悪いところを修正する。
　・適切な接続語句が入らないか？
　・語句が途中で別の語句にすり替わっていないか？
　・連続している 2 つの文中に同じ語句が入らないか？
　・説明が抜けていないか？
　・説明の順番が違っていないか？

3 章のまとめ

- 一パラグラフ一主題になるように書く。一パラグラフ一主題になっているかどうかは、そのパラグラフに見出しを付けてみるとよい。内容に即した適切な見出しが付けられなければ、パラグラフの内容を見直そう。 (3.2 節)
- パラグラフは、1 つのトピック文と 1 つ以上のサポート文から構成される。 (3.3 節)
- トピック文には、書き手が最も伝えたい考え・情報を書く。トピック文はパラグラフの先頭に書く。 (3.3 節)
- サポート文では、トピック文で表明したことを詳しく説明する。サポート文はトピック文に関連した内容であること。 (3.3 節)
- 文章の読み手や目的にとって必要十分なサポート文を書く。多すぎても少なすぎてもダメ。 (3.4 節)
- なぜ、その主張が成り立つのかを丁寧に説明する。トゥールミンの主張・データ・論拠に当てはめると説得力のある文章になる。 (3.5 節)
- 読み手に混乱を与えないように、書き手の意見と事実を明確に書き分ける。 (3.6 節)
- 文章の目的や説明対象に合わせて、わかりやすい説明の順番を考える。 (3.7 節)
- 接続語句を使って文と文との関係を明確に表現する。 (3.8 節)
- 文と文とがうまくつながっていないと感じたら、適切な接続語句が入らないか、重要な語句が途中で別の語句にすり替わっていないか、連続している 2 つの文中に同じ語句が入らないか、をチェックする。どれもあてはまらない場合は、説明の流れを見直そう。 (3.9 節)

3章 [演習] 解答例

演習 3.2 A

第1パラグラフ：実験協力者
- 主婦40名であった。
- 20代が7名、30代が8名、40代が7名、50代が7名、60代が6名、70代が5名であった。
- 年代に偏りがないように、AグループとBグループに分けた。

第2パラグラフ：実験材料
- 料理レシピのサイトを参考に、食パンとクリームパンの調理手順書を作成した。
- ホームベーカリー器の使いやすさ、料理の出来具合などに関するアンケートを作成した。

第3パラグラフ：実験の流れ
- 最初に、Aグループ・Bグループの両方に食パンとクリームパンの調理手順書を配付し、調理の際に参照するように指示した。
- 次に、AグループはA社のホームベーカリー器を用い、BグループはB社のホームベーカリー器を用いて、食パンとクリームパンを作った。
- 両グループとも調理時間は2時間程度であった。
- 調理後にアンケートに回答してもらった。

この箇条書きを文章にすると、以下のようになります。

　実験協力者は主婦40名であった。20代が7名、30代が8名、40代が7名、50代が7名、60代が6名、70代が5名であった。年代に偏りがないように、AグループとBグループに分けた。
　実験材料として、食パンとクリームパンの調理手順書とアンケートを作成した。調理手順書は、料理レシピのサイトを参考に作成した。アンケートは、ホームベーカリー器の使いやすさ、料理の出来具合などに関するものであった。
　実験の流れは以下のとおりであった。最初に、Aグループ・Bグループの両方に食パンとクリームパンの調理手順書を配付し、調理の際に参照するように指示した。次に、AグループはA社のホームベーカリー器を用い、BグループはB社のホームベーカリー器を用いて、食パンとクリームパンを作った。両グループとも調理時間は2時間程度であった。調理後にアンケートに回答してもらった。

演習 3.3 A

　eラーニングによるネットワーク・セキュリティ・セミナーは、毎年4月第1週に必ず受講してください。このセミナーを受講しないと、学内ネットワークの使用が停止されます。使用

を再開するには、ITセンターへの申請が必要となり、申請から再開までに1週間程度かかります。ITセンターの調査によると、学内ネットワークの使用を停止されたために、課題を提出できなかったり、テストを受けられなかったりした学生もいました。このような事態にならないように、ネットワーク・セキュリティ・セミナーは、毎年4月第1週に必ず受講してください。

演習 3.4 A

表2　ローマ字入力とかな入力の比較表　解答例

	ローマ字入力	かな入力
方法	入力したい文字をローマ字に置き換えて、キーに刻印されている英字を入力する。	キーに刻印されているひらがなをそのまま入力する。
例	「へいせい」と入力したい場合は、「HEISEI」とキーを押す。	「へいせい」と入力したい場合は、「へいせい」とキーを押す。
長所	英字26文字のキーの位置を覚えればよい。	入力時にキーを押す回数が少ない。
短所	入力時にキーを押す回数が多い。頭の中でかなからローマ字に変換しなければならない。	ひらがな46文字のキー位置を覚えなければならない。

　コンピューターで日本語を入力する方法には、ローマ字入力とかな入力がある。ローマ字入力では、入力したい文字をローマ字に置き換えて、キーに刻印されている英字を入力する。たとえば、「へいせい」と入力したい場合は「HEISEI」とキーを押す。一方、かな入力は、キーに刻印されているひらがなをそのまま入力する。たとえば、「へいせい」と入力したい場合は「へいせい」とキーを押す。ローマ字入力は、英字26文字のキーの位置を覚えればよいが、入力時にキーを押す回数が多くなる。また、頭の中でかなからローマ字に変換しなければならない。かな入力は、入力時にキーを押す回数が少なくてすむが、ひらがな46文字のキー位置を覚えなければならない。

演習 3.5 A

　②③はテレワークの説明なので除外し、①④⑤について検討します。
　①「テレワークの導入には注意が必要である。」は書き手の考えを示しているので主張です。④「テレワークにすると、通勤時間の短縮により、プライベートに費やす時間が増え、ワークライフバランスが向上する。」は、テレワークのメリットを述べているので、①の主張を支えるデータ・論拠ではありません。①の主張を支えるデータは、⑤「社員同士が直接会う機会が少なくなる」です。テレワークにすると、社員は会社にいる時間が少なくなりますから、直接会う時間も当然少なくなります。しかし、社員同士が直接会う機会が少なくなると、なぜ注意が必要なのでしょうか？　データと主張をつなぐ論拠がありません。

主張に必要なデータと論拠を以下のように補足しました。
   データ：テレワークを導入すると、社員が会社にいる時間が少なくなる。
   データ：社員同士が直接会う機会が少なくなる。
   論拠　：社員同士が直接会う機会が少なくなると、社員間での情報伝達・情報共有が不十分になる可能性が高くなる。
   主張　：（したがって）テレワークの導入には注意が必要である。

演習 3.6 A

アンケート結果（＝事実）の場合
　利用しない理由について質問したところ、「グループウェアがパソコンでしか利用できず、社外では利用しにくい」といったコメントがあった。

書き手の推測の場合
　営業部の利用者が少ない原因としては、グループウェアがパソコンでしか利用できず、社外では利用しにくいことが推測される。

演習 3.7 A

　作業内容は、「必要なものの購入」「事前の準備作業」「当日の受付業務」の3つのカテゴリに分けることができます。この3つを作業の順番にしたがって以下のように並べます。

1. 必要なものの購入
2. 事前の準備作業
3. 当日の受付業務

　次に、各カテゴリに含まれる項目を挙げ、それぞれ順番を考えます。「1. 必要なものの購入」に含まれるフセン紙、名札、テーブル札は、特にどれが最も重要というわけではないので、順番はあまり気にしなくてよいでしょう。「2. 事前の準備作業」は、まず参加者をグループに分けなければ、名札に参加者名とグループ番号を印刷できないので、グループに分ける作業を最初に書きます。「3. 当日の受付業務」も作業の順番に書きます。

1. 必要なものの購入
   ・フセン紙（100枚パック×10個）
   ・名札（60個）
   ・テーブル札（10個）

2. 事前の準備作業
   ・参加者名簿をもとに、参加者を10グループ（1グループ6人）に分ける。
   ・名札に参加者名とグループ番号を印刷する。

・テーブル札にグループ番号を印刷し、テーブルの上に置く。

3. 当日の受付業務
   ・参加者名簿で参加者の所属、氏名、参加費の振込み状況を確認し、未払いの人からは参加費を受け取る。
   ・名札を渡し、名札のグループ番号と同じ番号の札が掲げてあるテーブルに座るように伝える。

演習 3.8 A

(a)
人員削減を行った。その結果、経営状態が改善された。しかし、1人あたりの作業量が増えた。

(b)
ランチタイムのAカフェは、男性ビジネスマンが多い。その理由として、ランチがおいしいことが挙げられる。また、値段のわりに量が多いことも理由の1つである。たとえば、ワンコインランチは500円で、ハンバーグと2種類のサラダ、スープ、ライスがつく。

演習 3.9 A

下記の解答例では、下線および波線の語句が、文と文とをつなげています。

人が奥行きを知覚する手がかりの1つに、両眼視差がある。(b) 両眼視差とは、左眼と右眼の網膜像のズレのことである。(c) 人間の両目は左右に約6cm離れているため、3次元のものを見たときに、左眼と右眼の網膜像にズレが生じる。(a) このズレの大きさを脳の中で融合することにより、奥行きを知覚している。

〈補足〉 3.1節で説明の順番の1つとして紹介した「既知の事柄から未知の事柄へ」という書き方は、文と文との接続においても重要です。つまり、すでに現れた語句で文章を始め、新しい語句は後から出します。これに反して、たとえば上の(b)の文を「左眼と右眼の網膜像のズレを両眼視差という。」と書いたら、文のつながり（流れ）が悪くなります。

4章

文章全体の構成を考えよう

4.1　文章の目的と内容を絞る
4.2　全体像を先に示す
4.3　重点先行で書く
4.4　タイトルや見出しに知恵を絞る
4.5　「全体像を先に示す」と「重点先行」を応用する
4.6　総論−本論−結論
4.7　情報をグループ化して並べ、ストーリーを作る

やっと、文章全体の構成までたどり着きました。「はじめに」で述べたように、文章全体の構成は、読む人にできるだけ正確に情報を伝えるために、いちばん大きな効果や影響を与えます。

4.1　文章の目的と内容を絞る

これまでの3つの章の中で、次のことを学びました。
- （1）　一語一義：1つの語は1つの意味で使う
- （2）　一文一事：1つの文には1つのことしか書かない
- （3）　一パラグラフ一主題：1つのパラグラフは1つの主題について記述する

同じように、1つの文章は1つの目的と、その目的に沿った内容で書きます。逆に言うと、目的や性質の違った内容を1つの文章にまとめてしまわないようにします。文章の目的とは、端的に言うと、「何のために、誰に、何を、どう伝えるのか」ということになるでしょう。

具体例で考えましょう。

> **例題 4.1**　次の2つの事例について、なぜいけないのか、考えてください。
>
> - （1）　あることを調べるのに参考になる本を質問してきたメールに答えるとします。そのとき、同じメールの中で、来週の会合の予定を知らせてはいけません。
> - （2）　ある見本市に出張で行ってきたとしましょう。ついでにその町にあるお得意さんにも寄ってきて、自社の商品にたいする感想や要望を聞いてきました。その両方をまとめて1つの報告書にしてはいけません。

例題 4.1　解答例
- （1）　メールの件名が、Re：〜〜となっていると、本文中に来週の会合の予定が

記されていることに気づかない恐れがあります。件名を「Re：〜〜、来週の会合の予定」と書き直しても、相手がこのメールをフォルダに分類して格納するとき、2つのフォルダのどちらに入れるか迷うかもしれません。同じ相手に出す2つのメールに分けるべきです。
(2) この2つの報告内容は、報告としての種類も違いますし、たぶん読む人々も違うでしょう。そうであれば、別々の報告書として作成するのが妥当です。

目的に照らして内容を厳選する

　注意すべき点は、上の例のように、異なる目的の文章を1つにまとめることを避けることだけではありません。文章を1つの明確な目的で書き、その目的にあまり貢献しない事柄は、思い切って捨てましょう。あまり貢献しない事柄とは、文章の目的と関係が薄い内容とか、枝葉の内容です。言い換えれば、文章の目的に照らして、必要かつ十分な内容に絞りこむのです。このことは、パラグラフを単位として3.4節でも学習しました。

　それぞれの内容が文章の目的にたいしてどのくらい貢献するかを見積もるには、まず文章の目的を1つの文で言い切ってみる必要があります。文章の目的が、頭のなかにあるもやもやとした形ではなく、「ことば」として外部表現化されないことには、目的への貢献度を正しく考えることができません。

　いくつかの文章の目的を1文で書き下した例をあげてみます。木下是雄はこの趣旨の文を「目標規定文」と呼んでいます[1]。

- ・1つの語は1つの意味で使う
- ・1つの概念は1つの語で表す
- ・広すぎない、狭すぎない語を使う
- ・定性的な形容詞・副詞は避ける
- ・読み手が理解できる語を使う
- ・カタカナ語を乱発しない

1　木下是雄：『理科系の作文技術』、中公新書、1981

- 漢字を使いすぎない
- 「これ」「それ」「あれ」の指すものは明確にする
- 「の」を、他のもっと限定した意味の語句に置き換えられるときは、置き換える

　これらは、この本の 1 章の各節にたいする目標規定文です。最初の 8 つは節の表題から、最後の 1 つは 1 章のまとめとして記した文から取りました。

　目標規定文は、書く人が文章の目的を明確に意識して、そこから逸脱しないようにするために、あらかじめ書き下しておく文です。でき上がった文章中に必ずしもそのままの形で現れなくてもかまいません。

演習 4.1 A

　下に挙げた目標規定文に沿って、書く内容の候補を挙げてみました。目標規定文に沿っていない候補を指摘してください。目標規定文に沿ったまとまりのある簡潔な文章にするために、削るほうがよい候補も含めてください。

〈目標規定文〉
　子どもたちが夜遅くまでスマートフォンでメッセージ交換をしているほか、ゲームや動画視聴をしている子もいて、健康や勉学に支障が出ている問題にたいする対策を考える。

〈書く内容の候補〉
① 子どもたちのあいだでスマートフォンを利用して夜遅くまでメッセージ交換が行われている。
② それが過度になると、睡眠不足を招き、健康上問題であるだけでなく、授業を受けるにも支障が生じる。
③ メッセージ交換だけでなく、ゲームや動画視聴をして夜更かしする子どもも居る。
④ 子どもたちが友だちとの親密さを保つために、できるだけ絶え間なくメッセージをやり取りしたいという気持ちはわかる。
⑤ 最もよく用いられている LINE というアプリケーションでは、送ったメッセージが読まれたかどうかが送信側に表示される。そのため、読んだのに返信を返さないと「既読無視」として友だち関係にひびが入

ることがある。これもだらだらと夜遅くまでメッセージ交換が続く原因になっている。
⑥　一部の地域では、「夜9時以降はスマートフォンを使用しない」という約束を子どもたちとその家庭にさせている。しかし、他の地域からのメッセージの到着にたいしては効力がない。
⑦　ふつうパケット定額制を契約しているので、いくら使っても料金は変わらないのも一因である。
⑧　筆者の考えでは、国全体で、「18歳未満の者が使用するスマートフォンについては、夜10時以降接続（送信も受信も）できない」というルールを技術的に確立するしか、解決策はないように思える。こうすれば、ゲームや動画視聴による夜更かしにも有効な対策となる。

4.2　全体像を先に示す

「伝わる文章」を書くときは、まず全体を大まかに説明し、その後で、各部分にたいして、だんだん詳しく説明していきます。つまり、全体像から細部の詳しい記述へと進むというやり方です。全体像を先に示すわけです。

　まず悪い例、つまり全体像を最初に示さないで、細部の記述から始まっている文章を見てみましょう。

例題 4.2　次の文章は、メールの本文中の用件を述べた部分です。「全体像から細部へ」の形に書き直してください。

　お伺いする日の候補として知らせていただいた10月23日（日）は、私はOKですが、一緒に行くBさんの都合がつきません。1週前の16日（日）にずらしていただけませんでしょうか？　16日がご都合悪ければ、1週後の30日でも結構です。30日は私の海外出張の直前なので、どちらでもよろしければ16日のほうがありがたいのです。

例題 4.2 解答例

> お伺いする日の候補として知らせていただいた 10 月 23 日（日）を、1 週前の 16 日（日）か 1 週後の 30 日にずらしていただくことは可能でしょうか？できれば 16 日のほうがありがたいです。23 日は、私は OK ですが、一緒に行く B さんの都合がつきません。30 日は私の海外出張の直前なので、どちらでもよろしければ 16 日のほうがありがたいのです。

【解説】

第 1 文で、用件をずばりと述べています。第 2 文では補助的な条件を伝えています。後の部分は、第 1 文、第 2 文で述べたことの理由の説明です。読む人は、第 1 文で相手の言いたいことを的確に知り、第 2 文までで相手の意思を完全に理解することができます。

なぜ全体像を先に示すのか

全体像を先に示すことで、読む人は、その後に記述される各部分が全体のどこに当たるか位置づけができます。言わば、文章全体の見取り図か地図のようなものが最初に与えられて、いまここに居るとわかりながら読み進めることになります。

別の見方をすると、文章の書き手と読み手は、お互いに共通にもっている（と思っている）文脈を助けにして意味を通じ合います。ここで言う「文脈」とは、演習 1.5 A の解答例（23 ページ）でも述べた、知識・経験・価値観などを含む広義の文脈です。文章の全体像を最初に提示することは、その後に続く細部の記述にたいする事前知識すなわち文脈として働きます。書き手と読み手があらかじめ共通にもっている文脈のほかに、全体像による文脈が補足されて、個々の細部の記述を理解しやすくするわけです。

アメリカ合衆国において公開されている、企業が投資家や顧客に情報公開するときの文書のガイドブックに、次のようなたとえがありました。文章の全体像を最初に示さないで、いきなり細部の記述から入るのは、完成した絵を見せないで、ジグソーパズルをやれというようなものだ。あなたはどう思いますか？

では、演習をやってみましょう。

演習 4.2 A

下記の例に示す部下の発言を1つにまとめて、「全体像から細部へ」の形に書き直してください。

> （部下）今度の社内広報誌に掲載する○○事業部長の原稿がまだいただけないんですが。
> （上司）字数を決めてお願いしてあるんだろう？
> （部下）そうですが、今度の号は○○事業部についての特集号ですから、部長の原稿の内容によっては他を調整する必要が出てくるかもしれませんので。
> それと、○○事業部の OB・OG 社員の座談会の記録が入るのですが、それのテープ起こしに誤りが多くて、出席者に各自の発言の部分をチェックしてもらっていますから、それも全員分集めるには時間がかかりそうです。
> そういうわけで、広報誌の編集が予定より遅れそうです。

演習 4.2 B1

次の説明文を「全体像から細部へ」の形に書き直してください。

> このグラフを見てください。ご覧のように、学生食堂にたいする学生たちの不満は、お昼休みには長い待ち行列ができて料理を受け取るまでにずいぶん待たされる、受け取っても座る席がないことがある、メニューの種類が少ない、の3点に集中しています。メニューに関しては、毎日似たようなメニューだという意見もありました。
> 学生食堂のサービスについては、このアンケートの結果を参考に、至急改善策を考える必要があります。

「全体像を先に示す」を階層的に適用する

「全体像を先に示す」あるいは「全体像から細部へ」というルールは、文章全体にたいして1回だけ用いられるわけではありません。このルールを、文章構造の各レベルで繰りかえし適用して、文章を作成します。たとえば、1つの文章が

3章で学んだいくつかのパラグラフから構成されているとします。そうすると、最初に文章の全体像を示すパラグラフを置きます。その後に各論のパラグラフが続きます。

　3章で学んだように、それぞれのパラグラフの先頭にはトピック文を置くのでしたね。これがそのパラグラフの全体像を示します。ですから、文章全体が、全体像のパラグラフから始まって各論のパラグラフに行くのと同じように、それを構成する各パラグラフもまた、そのパラグラフの全体像（トピック文）で始まるわけです。図に表すと、図7のような三角形になります。

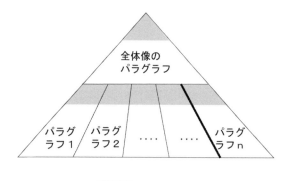

図7　文章全体のパラグラフ構成

　もっと長い文章だと、いくつかのパラグラフがまとまって節を構成したり、節が集まって章になったりします。そういう場合、節とか章という単位でも、やはり節や章の全体像の記述から始めることを求められます。そして、文章全体の最初には、その文章の全体像の説明を置きます。

　このように、長い文章は、たとえば、文章全体→章→節→パラグラフという階層構造をなしています。その各レベルにおいて、「全体像を先に示す」あるいは「全体像から細部へ」というルールを繰りかえし適用していくわけです。

　「全体像から細部へ」というルールを階層的に、少なくとも3層に適用している例が新聞記事です。新聞記事は、見出し→記事の最初のパラグラフ（リードと呼ばれます）→それ以降のパラグラフという、少なくとも3層になっています。

見出しのきわめて少ない字数で全体像を示して、読者の注意を引きつけます。これは、4.4節で扱う「タイトルや見出しに知恵を絞る」と関係します。

　記事の最初のパラグラフで、どんなニュースかあらましがわかるように書かれています。いわゆる5W1Hの説明です。5W1Hとは、誰が（who）、いつ（when）、どこで（where）、なぜ（why）、何を（what）、どのように（how）したかという記述です。見出しは、全体像でなく、次の「重点先行で書く」の節で述べる「いちばん大事なこと」である場合もあります。

演習 4.2 B2

　手近かの新聞記事で、見出し→リード→その他のパラグラフという3層の階層構造を確認してください。リードには5W1Hのうちのいくつが書かれていたでしょうか？ 長い記事のときは、その他のパラグラフの部分がまた階層構造になっている場合があります。そのような記事を見つけて、さらに下位の階層構造を分析してみましょう。

演習 4.2 B3

　次の文章には、「全体像を示す」パラグラフが欠けています。それを補ってください。そのパラグラフは1文または2文でかまいません。

　　まずパソコンを使うときの姿勢についての注意を述べます。前かがみにならないようにしてください。背筋を伸ばし、首を前に倒さないように、リラックスした姿勢で使ってください。必要なら、机や椅子の高さを調節してください。ひじより上と下の腕の角度は90°が理想です。
　　ディスプレイは、上端が目より下の位置にくるようにします。周囲（たとえば資料）との明暗の差があまりないように、また明かりや背景が映り込まないようにします。
　　長時間パソコンを使うときは、休憩を入れてください。連続して作業するのは、1時間までとします。次の作業とのあいだに10〜15分の休憩を入れます。休憩のときは、腕や背中を伸ばしたり、首や肩を回したりするなどのストレッチ運動を行うように。遠くのものを見るなど、目も休めるようにします。飲み物を飲むなど、気分転換を図るのもよいでしょう。文

> 章の校正など、まとまった量の作業結果のチェックは、ディスプレイ上で行うのでなく、印刷してパソコンから離れて行うことを勧めます。
>
> 　空調からの風が直接体に当たるのはよくありません。そうならない位置で使用してください。
>
> 　もっと大きな注意は、パソコンを使う大量の仕事を溜めこまないことです。1日にパソコンを使う仕事とそれ以外の仕事がバランス良く入るように計画します。

4.3　重点先行で書く

前節で学んだ「全体像を先に」というルールと重なる場合もありますが、微妙に違う場合もあるルールが「重点先行」です。大事なことから先に書くというルールです。全体像がいちばん大事であれば、「全体像を先に」というルールと一致します。しかし、文章によっては、全体像よりも、文章のなかの一部の箇所が最も大事で、それをまっ先に伝えるほうが良い場合もあります。

例を見てください。

例題 4.3　次の文章は、旅行会社の社員が上司にあてて書いた提案文です。いちばん大事なことが最初にくるように書き直してください。

> 　最近は、一人身の年寄りの方が増えました。そういう方からこんな声を聞きます。「国内外のパック旅行はほとんどの場合、宿泊が2人以上1室になっています。でも、わたしは人見知りするほうなので、初めての人と部屋を一緒にするのはごめんこうむりたい。かと言って、一緒に旅行してくれるような親しい友だちも居ません。値段が高くなってもいいから、1人1部屋でも泊まれるようなパック旅行を開発してもらえませんか。」
>
> 　そういう企画を考えてみてはどうかというのが私の提案です。日本の旅館は和室が多くて、何人かで1つの部屋を使うようになっているので、1人1部屋

の宿泊だと効率が悪いです。ですが、ホテルのシングル・ルームとか、1人で利用する部屋を積極的に採り入れている旅館をうまく利用すれば、価格をそれほど上げないで企画できるかもしれません。

例題 4.3 解答例

　1人1部屋でも泊まれるようなパック旅行を開発することを提案します。理由は、一人身の年寄りの方が増えて、1人1部屋でも泊まれるようなパック旅行を企画して欲しいという声があるからです。「国内外のパック旅行はほとんどの場合、宿泊が2人以上1室になっています。でも、わたしは人見知りするほうなので、初めての人と部屋を一緒にするのはごめんこうむりたい。かと言って、一緒に旅行してくれるような親しい友だちも居ません。値段が高くなってもいいから、1人1部屋でも泊まれるようなパック旅行を開発してもらえませんか。」というような希望です。

　日本の旅館は和室が多くて、何人かで1つの部屋を使うようになっているので、1人1部屋の宿泊だと効率が悪いです。しかし、ホテルのシングル・ルームとか、1人で利用する部屋を積極的に採り入れている旅館をうまく利用すれば、価格をそれほど上げないで企画できるかもしれません。

　重点と言っても、それは書く人から見ての重点ではなく、読む人にとっての重点です。次の演習問題で考えてみましょう。

演習 4.3 A1

次の文章の問題点を指摘して、改善案を示してください。

　今日の6時限目は、2年生の一部のクラスで英語の公開授業が行われます。その後、参加者のあいだで授業にたいする質疑応答と懇談が予定されています。学外から大勢のお客さんが車で来られると思います。帰られる時間にぶつかると、正門付近が混雑しますので、今日の帰宅は正門でなく通用門を利用してください。

演習 4.3 A2

テレビのリモコンの使用説明書（マニュアル）が次の順序で書かれていたと仮定します。これにたいする問題点を挙げて改善案を示してください。

- 使用上の注意
- 操作面全体のイラスト
- 各キーの機能
- 電池の入れ方、交換の仕方

4.4 タイトルや見出しに知恵を絞る

　文章や、その一部分をなす階層的なまとまり（章や節）には、タイトルを付けるのが習慣です。節より小さなまとまりにたいして、番号をもたない小見出しを付けることもあります。この節や次の 4.5 節に例があります。仕事のために「伝える」文章では、パラグラフについてさえ、トピック文よりも、それをさらに凝縮した見出しを付けるほうがよいという主張すらあります。

　ここでタイトルや見出しの付け方を採り上げるのは、タイトルや見出しが、全体像から細部へという階層構造のいちばん上の層にあたるからです。ということは、タイトルや見出しの付け方は、最も重要だというわけですね。タイトルや見出しをよく考えて付けることは、それにかけた時間に値する効果を十分に発揮します。

　著者らは、適切なタイトルや見出しを付ける技術を「超要約技術」と呼んでいます。超要約技術は、メールに適切な件名を付けることとか、ファイルやフォルダに適切な名前を付けることとか、仕事で出会う多くの場面で必要となる技術です。さらにそれは、**ものごとの本質を一息で言い切る**という、本質を見抜く力を養う訓練にもつながっています。

> **例題 4.4** 次の文章は、メール本文の中の用件を記述した部分です。例題 4.2 の解答例としてすでに出会っています。このメールに適切な件名を付けてください。

> お伺いする日の候補として知らせていただいた 10 月 23 日（日）を、1 週前の 16 日（日）か 1 週後の 30 日にずらしていただくことは可能でしょうか？ できれば 16 日のほうがありがたいです。23 日は、私は OK ですが、一緒に行く B さんの都合がつきません。30 日は私の海外出張の直前なので、どちらでもよろしければ 16 日のほうがありがたいのです。

| 例題 4.4 **解答例** |

(1) ご訪問日の変更のお願い
(2) ご訪問日（23 日）の変更のお願い
(3) ご訪問日の変更のお願い　23 日から 16 日か 30 日に

(1) から (3) にかけて、より具体的な情報が付け加わっています。相手との関係や訪問の性質（公私）によりますが、どれでも良いでしょう。良くないのは、単に「お願い」という件名です。これでは、何についてのお願いなのか、件名だけではわかりません。

目標規定文とタイトルとの関係

　目標規定文とタイトルや見出しとで違うところは、目標規定文は 1 つの完全な文であるのにたいして、タイトルや見出しは完全な文でなくてもよい点です。一般に、タイトルや見出しは、必要かつ十分なキーワードを選択して、それらを組み合わせて簡潔な表現を作ります。したがって、目標規定文をさらにぎりぎりまで圧縮した表現にします。名詞止めで終わるのはごく普通です。ただし、読み手が判断する手がかりとなる重要なキーワードを落としてはいけません。

　タイトルや見出しを必要最小限の情報にまで削ることによって、次のような効果が生まれます。

- 相手がすぐ理解でき、強い印象を与えます。
- 最も大切なことは何かについて、読み手と書き手が理解を共有できます。

演習 4.4 A

演習 4.2 B3（93 ページ）の文章に、適当な全体像パラグラフを付け加えたと仮定して、適切な目標規定文を書き下してみてください。それをさらにタイトルに凝縮してください。

演習 4.4 B

下記の文章にたいする適切な目標規定文を書いてください。目標規定文をさらにタイトルに凝縮してください。この演習での目標規定文は、多少長くなって、50 字を超えてもかまいません。あるいは、2 つの文になってもかまいません。

文章中の（ a ）（ b ）の部分は、出題の都合上、伏せてあります。（ a ）には、目標規定文と同じ趣旨の内容が、（ b ）には、第 2 パラグラフのトピック文が入ります。時間があったら、これら 2 つの部分の内容も推測してみてください。

（   a   ）

 日本の教育に要する経費は、国際的に比較すると、公的な支出が少なく、保護者からの私的な負担によって大きく支えられています。具体的な数値で示すと、小学校から大学までの教育への公的支出は、GDP にたいする比で日本は 3.2%（2013 年）。これは OECD 平均の 4.5% よりかなり低く、比較可能な 33 か国のうち 32 位です。一方、高等教育における私費負担割合は、日本が 65.7% で韓国についで高く、OECD 平均の 30.3% の 2 倍以上になっています。

（   b   ）

 子ども（18 歳未満）の貧困率は 2009 年の 15.7% から、2012 年には 16.3% に上がりました。実に 6 人に 1 人の子どもが貧困状態にあります。一人親の家庭に限れば、貧困児の割合は 50% を超します。他方で、貧困家庭の子どもは学力や学歴の点で大きなハンディキャップを背負うことになり、教育格差が生まれます。それはさらに、就業形態や所得の格差につながります。その結果、親から子へと貧困と教育格差の連鎖が生じます。

4.5 「全体像を先に示す」と「重点先行」を応用する　構成

「全体像を先に示す」と「重点先行」という2つのルールは、さまざまな応用がききます。この節では、そのうちの3つを勉強しましょう。

3つあります

　　いくつかのことを順に述べるときは、その前に、
- その案には問題点が3つあります。
- Aさんのただいまのご意見に、質問が2つあります。

のように、いくつのことを述べるのかを先に示すとよいでしょう。これを習慣として身につけてしまうのがお勧めです。

　　たとえば、「Aさんのご意見に質問が2つあります」と前置きしてから、「1番目は、〜〜。2番目は、〜〜」と2つの質問を述べます。こうすることによって、相手は2つの質問に答えなければならないことがわかり、それぞれの質問が何かを整理して聞くことができるわけです。つまり、これが全体像、全体の見取り図なのです。

　　このやり方は、述べる項目が4つ以上でも利用できますが、項目があまり多いときは、有効ではありません。聞いているうちに、前の項目を忘れてしまうからです。

　　どうも、3つというのが非常に印象的な項目数のようです。項目4つのとき、いちばん重要でない項目を削って、3つに絞ってしまうことさえあります。項目2つのときに、無理に3つに増やす必要はありませんけれども。

「はい」「いいえ」をまず答える

　　プレゼンテーションの後で、あなたが質問に答えるときを想定します。質問の中には、「はい」か「いいえ」かで答えられる質問があります。もちろん、なぜ「はい」なのか、なぜ「いいえ」なのか、理由なども答えなければいけませんが。そういうときは、最初に、

・はい、そうです。
・いいえ、違います。

のように、「はい」であるのか、「いいえ」であるのかを、まずはっきりと答えてください。理由などの詳しい説明は、その後です。

　学会や会議を聞いていると、「はい」「いいえ」で答えられる質問であるにもかかわらず、「はい」か「いいえ」かを言わないまま、詳しい説明に入ってしまっている人を見かけます。あがっているか、早く自分が回答したいことに入りたいからでしょう。でも、このような答え方をされると、質問したほうは、**目的地が「はい」なのか「いいえ」なのかがわからないまま、長い細部の説明に連れ回される**ことになります。目的地が「はい」なのか「いいえ」なのかが分かっているほうが、後の説明を理解しやすいはずですね。

コーヒーブレイク

　研究室で、学生の発表練習のときに、想定質問にたいする答え方の練習もいつもやりました。そのとき、上で述べたルールも訓練しました。

　ところが、ある学生の発表のときに「Aですか、Bですか？」という質問が出ました。その学生は「Aです」とも「Bです」とも答えないで、延々と説明を始めてしまいました。応用が足りなかったですね。

結論を先に、理由を後に

　上で「はい、いいえで答えられる質問には、はい、いいえをまず答え」て、理由などはそれから説明すると書きました。これは、「結論を先に、理由を後に」というルールの特殊な場合に当たっています。さらにこれは「重点先行」の一例でもあります。

例題 4.5

「結論を先に、理由を後に」というルールを次の文章に適用して、書き直してください。

> 今日の午後 3 時から予定されていた〇〇に関する検討会で原案を説明する予定であったうちの課の山下君が、熱があって病院に行ったところ、そのまま精密検査をする必要があると言われたそうです。代わって説明できるほどよくわかっている人間もいませんので、今日の検討会はとりあえず中止とさせてください。

例題 4.5 解答例

> 今日の午後 3 時から予定されていた〇〇に関する検討会は中止とさせてください。原案を説明する予定であったうちの課の山下君が、熱があって病院に行ったところ、そのまま精密検査をする必要があると言われたそうです。代わって説明できるほどよくわかっている人間もいませんので、今日の検討会はとりあえず中止でお願いします。

最後にもう一度、検討会の中止を伝えていることに注意してください。なくてもかまいませんが、二度繰りかえすことでより確実に伝わります。これは、次の節で学ぶ「総論−本論−結論」というサンドイッチ構造による記述の一例です。

演習 4.5 A

例題と同じように、「結論を先に、理由を後に」というルールを次の文章に適用して、書き直してください。

> 後ろのアパートから苦情が出ていますので、この駐車場では前向き駐車をお願いします。

「結論を先に、理由を後に」というルールの変形は、理由の部分が補足説明や例外の説明である場合にも応用できます。

演習 4.5 B

「結論が先」になるように、次の2つの文章を書き直してください。

(a) 会員集会に欠席される会員は、定足数確保のため、会員番号、氏名（自署）、評決を委任する会員の氏名（単に「議長」でも可）を記載した委任状を、事務局に7月3日までに到着するよう、郵送してください。

(b) 当館は、毎週火曜日、市制記念日（6月1日）、年末年始（12月29日から1月3日まで）を除く毎日、9時から17時まで開館します。

4.6 総論 − 本論 − 結論

やや長い内容は、「総論−本論−結論」の3部形式で書くと、効率よく趣旨が伝わると言われます。とくに、これはプレゼンテーションなどで話すときに利用すると効果的です。

英語では、"Tell them Three Times Approach" と呼ばれることもあります。
Introduction：Tell them what you will tell them.
（総論：これから話すことは何かを話しなさい）
Body：Tell them.
（本論：話しなさい）
Conclusion：Tell them what you told them.
（結論：いままで話したことは何かを話しなさい）

もちろん、まったく同じことを3回繰りかえすわけではありません。総論と結論は、本論で話すことの要約とします。この3部形式を「序論−本論−結論」と表している本もありますが、「序論」というと、長い前置きの説明になる恐れがあります。本論にたいする事前の要約という意味で、「総論」としました。

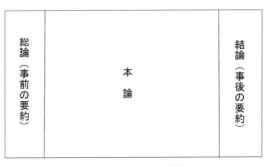

図8　サンドイッチ構造

　著者らは、この3部形式をサンドイッチ構造と名づけてはどうかと思っています。図8を見てください。本論を、事前と事後の要約で挟むわけです。
　3章のパラグラフの構成の仕方において、パラグラフの最初にトピック文を置くことを学びました。さらに、パラグラフの最後にまとめの文を置くやり方もあります。［演習3.3 A］の解答例（81ページ）がその例です。この場合、トピック文が総論、まとめの文が結論、それらのあいだに挟まれる文の集まりが本論として、上に述べたサンドイッチ構造になります。

　総論（本論の事前の要約）と結論（本論の事後の要約）として、まったく同じ文章をつけるのは知恵が足りません。やはり、総論では「本論で何を述べるか」を要約して説明し、結論では「結局何を述べたか」を要約して示すという気持ちで書くとよいと思います。
　1つの類型は、総論で問題提起をして、本論で解決策をあれこれ論じた後、結論で問題とその解決策を提示する書き方です。例を見てみましょう。

> 　少子高齢化と言われるが、国の活力という点からは高齢化よりも少子化のほうがより深刻な問題である。以下では、少子化の危機を乗り越えるために政府が打つべき手を考える。
> 　………ここに本論が入る………
> 　以上、論じたように、少子化の危機を乗り越えるために打つべき手は、もはや、男女の出会いの場の創出、保育園待機児童の解消、育児休暇の拡大、子ども手

> 当の支給などの対症療法的な政策だけでは効果が薄い。
> 　若者が結婚・出産・育児・子どもの教育といった夢を持て、それを実現できるような社会環境を作ることを目標に、種々の若者向け社会福祉を立案し、実行していく以外にはない。それには、①労働・所得環境の改善、②低家賃の住宅の供給、③教育にたいする公的補助の増大の3点が柱となる。

　しかし、場合によっては、総論で問題提起をするだけでなく、結論まで示すほうがよいときもあります。その場合には、「結論1－本論－結論2」の形になります。

　本論で展開する議論のまとめとして得られる結論を、あらかじめ読み手に提示しておくわけです。目的地を先に示すことになりますね。前にも述べたように、このほうが読み手は全体像を理解して本論を読み進める（あるいは聞く）ことができます。ただし、最初から結論を述べてしまうのは、ややフォーマルで硬い感じになります。場合によっては押しつけがましいととられるかもしれません。また、どういう結論になるのかではなく、なぜそういう結論になるのかという興味で、読み手（聞き手）を引っぱっていくことになります。

　サンドイッチ構造をとる場合、「問題提起－本論－結論」型にするのか、「結論1－本論－結論2」型にするのかは、どのような場でどのような内容の文章を書いたり話したりするのかに依ります。時と場合によって自分で選んでください。

演習 4.6 A

　次の本論にたいする総論と結論を付けてください。総論として、(1) 問題提起型と (2) 結論1型の両方を考えてください。この文章は、ある店員が上司に出した提案です。

> 　俳優の○○○○がボストン・マラソンでいい成績を出したときにかけていたウェアラブル・コンピューター付きのサングラスが格好良くて、M社のMSR-XXXだったという情報がツイッターで流れました。その後、MSR-XXXを買いたいという人が急に増えて、在庫を吐き出し、品切れの状態が

続いています。ほかの店に回った人もいると思いますが、ほかの店も同じ状況でしょう。「入ったら電話を欲しい」と言って予約をしていった人がすでに6人います。

　M社のほうでも在庫切れで、1.5倍の増産体制をとろうとしていますが、増産したサングラスが出荷できるのは3週間くらい先になるそうです。

　急いでM社に発注をかけなければなりませんが、問題はいくつ発注するかです。

　増産されても、うちと同じように多くの店から多数の注文がM社に行くでしょうから、たくさん発注しても、うちへ何個割り当てられるか分かりません。入ってきたMSR-XXXは、当然予約した人から優先的に割り当てますし、それまでに予約客はもっと増えるかもしれません。そうすると、品切れで謝るという状態が続くことになって、顧客離れを誘発する恐れがあります。

　かと言って、たくさん注文しすぎると、売れ残って無駄な在庫を抱える危険もあります。ブームは一時的なものかもしれませんから。

　これらのことをいろいろ考え合わせると、10個ぐらいの単位で小きざみに発注をかけるのが良いと思います。

コラム

起承転結はダメ

　文章の構成法として、「起承転結」で書けと勧める本があります。しかし、伝えるための日本語文章では、起承転結は避けるべきです。以下にその理由を述べます。

　まず、起承転結とはどんな書き方かを説明しましょう。もともとは、中国の漢詩の作り方の技法です。しかし、頼山陽が市井の流行り歌を引いて説明したという例がいちばん分かりやすいと思います。

　　京で一番、糸屋の娘　　　　（起）
　　姉は十八、妹は十六　　　　（承）
　　諸国大名は弓矢で殺す　　　（転）
　　糸屋の娘は目で殺す　　　　（結）

　起から承へは、ごく自然な流れです。ところが、転では、起から承へ受け継がれた内容とはまったく関係のない別のことが出てきます。次の結を読むにいたって、起・承と転との関係が腑に落ちます。

　しかし、伝えるための日本語文章では、この「転」を書いてはいけません。上の流行り歌や漢詩では、転のあと、すぐに結が読めますから、そこで納得できればいいわけです。むしろ、転で「おや？」と思わせたり、別の展開を見せたりするところに、文学的な技法が存在します。

　しかし、伝えるための日本語文章では、途中で読み手に「おや？」と思わせてはいけないのです[注]。転が1パラグラフ以上の長い単位であると、読み手は「おや？　これまで書かれてきたこと（起・承）とはどういう関係？」と思いながら、転の部分を読み続けなければなりません。これは読み手によけいな負担を与えます。

　注　文章技術のルールに100％従うべきというルールはありません。ですから、読み手や聞き手に「おや？」と思わせて、興味を惹きつけるという技法を用いてもよい場合もあります。ただし、これは高級技法に属します。

起承転結の各部分の関係を図に表すと、図9のようになります。起・承ときた流れが、いったん中断し、それとは一見無関係に転が始まります。そして、起・承と転との関係は、結にいたって解決され、納得されるわけです。転のあいだ、読み手はいわば宙ぶらりんの状態におかれます。

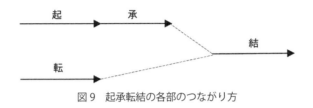

図9　起承転結の各部のつながり方

「伝わる日本語文章」では、このように読み手を一時的に宙ぶらりんの状態にして、後になってからそこの意味や位置づけが理解できるという文章の書き方は禁物です。これは、起承転結に限りません。言い換えれば、次々に述べられる文章の各部分は、読み手の事前知識と、それまでに述べてきたことだけから、その意味や位置づけが理解可能でなければならないのです。

　しかし、Aということについて説明し、次に一見それとは関わりのないBについて説明しておかないと、次のCの説明ができないという場合もあります。このとき、A→B→Cの順で説明しても、B→A→Cという順で説明しても、AとBのあいだで話題が切り替わるときに「転」が生じます。こういうときには、「転」が起こる場所で読み手に断るのがルールです。

［例1］（A、Bがパラグラフの中の文単位のように短い場合）
　一方、……
［例2］（A、Bが1パラグラフ以上というように長い場合）
　二酸化炭素の濃度の増加が地球温暖化の重大な要因となることは、上の二酸化炭素の循環や他の要因も含めたコンピューター・シミュレーションによって支持されている。ここで脇道にそれて、どのようにコンピューターでシミュレーションするのかを見てみよう。

4.7 情報をグループ化して並べ、ストーリーを作る　構成

これまで、「全体像から細部へ」と「重点先行」という2つの大方針と、それらに関係する考え方を見てきました。この節では、もっと細部まで見た情報のまとめ方や記述の順序を考えます。

書くべき内容、言い換えれば読み手に伝えたい内容は、まず項目として洗い出します。慣れないうちは、紙にスペースをたっぷり取って書きつけていくのが良いと思います。一度に必要な項目をすべて挙げるのは難しいので、日をあらためたり、思いついたりしたときに項目を追加していきます。この時点では、書くべきかどうか迷っている項目も入れておいてください。

1つの例を図10に示します。これは、文章の全体構成についての大事な考え方を、著者（阿部）が項目として洗い出したメモです。これを「材料メモ」と呼ぶことにします。ただし、本来の材料メモは図10に至る途中の状態です。図10には、以下に述べるように、この材料メモを整理した情報も含まれています。後の作業の都合を考えて、関係の深い項目はなるべく近くに置くようにしています。項目は、自分にさえその内容がわかればよいので、簡略化した表現で書いています。

書くべき項目がある程度出揃ったと思ったら、材料メモをもとに、関係の深い項目をまとめていきます。紙のうえで離れた項目間で関係が深い場合には、線で結んだり、線で囲んだりして関係を示します。線が交わったりして分かりにくくなったときは別の紙に書き直すことを勧めます。MindMapのようなツールを使うと、項目の入れ替えや関係づけの変更が容易にできます。この作業を行いながら、書くべきなのに落ちている項目がないかにも注意してください。

関係の深い項目がまとまっているところを1つの塊（グループ）として取り出します。これを繰り返してグループを作っていき、最終的にはすべての項目がどれかのグループに属するようにします。ただし、この過程で、文章の目的に照

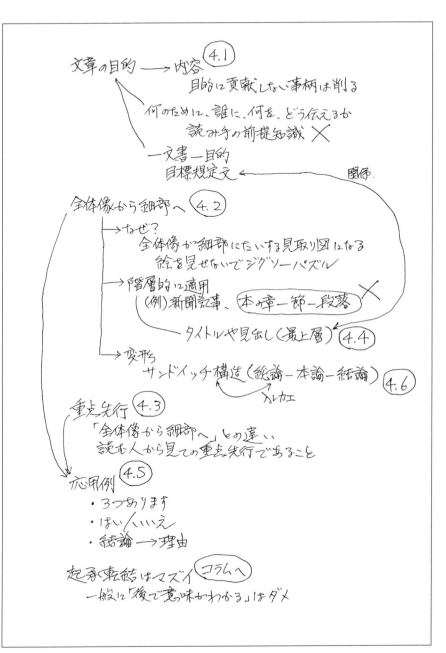

図10　材料メモの例

らして必要性が薄いと判断した項目は割愛します（4.1 節を思い出してください）。以上の操作が、情報（項目）のグループ化です。

　グループの大きさは、それらのグループを節に割り振るのか、パラグラフに割り振るのかで違ってきます。いくつかのグループを、さらに大きなグループにまとめることもあります。このグループの階層構造が、文章の階層構造に反映されていきます。

　図 10 の例では、節単位のグループにまとめました。その後、節だてとその順番を考えていきました。節の順番は、1 つの滑らかなストーリーになるように配置します。図 10 では、必要性が薄いとして割愛した項目に × 印が付けてあります。項目を書き出す時点で、必要性の判断をしないでともかく書いておくのは、他の項目との関係で必要性が変わってくることがあるからです。

　この例では、4.4 節「タイトルや見出しに知恵を絞る」を、4.5 節と 4.6 節の後へ持っていくかどうかで、迷いました。一連の流れの中に 4.4 節が割り込んだ印象があるからです。最終的には、タイトルや見出しの重要性を考えて、皆さんがお読みになった順番にしました。

　その結果が図 10 です。節番号を○の中に示してあります。各節の内容の範囲を明示する必要がありますが、この図では明らかであろうと考えて示してありません。図を複雑にしないためです。実際には、これをワープロソフトでテキスト化しました。それが、ワープロソフトでいう「アウトライン」に当たります。このテキストをもとに、4.1 節から 4.6 節を書きました。

　上の例では、情報のグループ化から、節単位のストーリーを導きましたが、短い文章の場合には、パラグラフ単位のストーリーを作るのが良いでしょう（たとえば例題 3.2）。その場合には、挙げる項目は、パラグラフのトピック文に相当する内容です。もちろん、トピック文そのものを材料メモに書く必要はなく、それが自分でわかる程度の略した記述で十分です。

2　冨永敦子・綿井雅康：『わかりやすく説明する技術』、実業之日本社、2005

文章の構成における重大な誤りを、著者の 1 人（冨永）と綿井雅康は「ダブリ・モレ・ズレ」という的確な言葉で要約しています[2]。

- ダブリ： 記述が複数の箇所で重複していること。完全に重複しているのではなく、微妙にずれている、すなわちズレを伴う場合も多い
- モレ： 書かれているべき事柄が書かれていないこと
- ズレ： 複数の箇所に分かれた関係する事柄が、整合性を満たしていないこと

ダブリ・モレ・ズレを防ぐには、材料メモの段階で、関係する情報を 1 か所に集めること（グループ化）と、漏れている情報がないかを検討することが、最善の策です。

演習 4.7 A

次の文章は、あるメールの本文です。情報のグループ分けはできているようですが、グループ（情報のまとまり）の切れ目がはっきりしません。どう書き直したらよいでしょうか？

田中部長
秋田です。
本日、山本商事様のところに伺いました。
現在、山本商事では、勤怠データを各部署で手入力していただいています。
導入時は社員数も少なかったので、それで済んでいました。
しかし、最近は社員も増えたため、入力に時間がかかっているそうです。
勤怠データを自動入力できるようにしてほしいという要望でした。
しかし、この件は一番最後でもよいそうです。
急いでいるのは、販売管理システムで印字している請求書などのデザインだそうです。
山本商事では、来年 1 月に社名が変わるそうです。それにともない、
システムで印字している請求書などのデザインを変更してほしいとの要望です。
この件は 12 月初旬までに対応してほしいとのことです。
それから、ネット通販をできないかと訊かれました。

> 昨年度から始めた健康食品の通販が好調だそうです。
> 現在は電話で注文を受けていますが、インターネットでも注文を受けられるようにしてほしいそうです。電話だと対応時間も限られるし、オペレーターの人件費もかかるからです。
> できれば、来年1月から始めたいとのことです。
> 9月25日に次の打合せがあります。今回いただいたご要望について、それぞれ対応スケジュールをつくって持って行くことになりました。
> 見積書もお願いしますとのことでした。
> 以上、取り急ぎご報告いたします。
> （署名　省略）

世の中には、メールの書き方だけを取り上げた本もあります。しかし、著者らは、一般的な「伝わる日本語文章」の書き方を訓練しておけば、メールについてもそのまま通用すると考えています。もちろん、メール特有のいくつかの約束事を知って気をつける必要はありますが。

演習 4.7 B

> あなたが近く書く予定の文章について、材料メモの作成、情報のグループ化、ストーリー作りを行ってください。次に、そのストーリーに従って文章化してください。
>
> あるいは、あなたが最近あまり考えないで書いたと思う文章について、あらためて上記のことを行ってください。そういう過程をへて書いた文章と元の文章とを見比べてください。

コラム

2次元の材料メモから1次元の文章へ

　書こうとする文章の内容は、頭の中ではもやもやとした状態です。それを外に取り出して整理するのが材料メモの役割です。材料メモは、図10に示したように、2次元の紙の上に表されます。項目の配置も2次元的に考えることができますし、離れた項目を線で結んだり囲ったりすることもできます。

　これにたいして、この材料メモから作り出す文章は1次元です（図や表のことは考えずに、文章だけを考えます）。初めの1字から始まって、終わりの1字に至る一本の紐のようなものです。印刷された文章は2次元ではないかと思われるかもしれません。複数ページにわたれば、3次元かも。しかし、行の終わりは次の行の始まりに続いています。ページの終わりは次のページの先頭へ続いています。読む人もそう思って読むわけです。ですから、一本の紐のようなものだということになるわけです。

　以上の説明からわかることは、材料メモを見てそれから文章を作っていく過程では、**2次元に表わされた情報を1次元に押し込めなければならない**ということです。たとえば、どういう順番で記述するかを決めなければなりません。2つの項目を一度に説明したくても、どちらかを前、どちらかを後にせざるを得ません。

　文章は1次元であるという制約の中で、伝えたい内容がもつ構造をうまく埋めこむと、情報を伝えやすくなります。そのためには、2次元以上の要素や構造をうまく活用します。4.2節で学んだ階層構造はその代表例です。そのほか、並列構造もあります。箇条書きは、その中で挙げた各項目が並列に並んでいるため、部分的に2次元の形になります。箇条書きについては、5.2節で採り上げます。4.5節で述べた「3つあります」という言い方・書き方も、3つの事項が並列に並んでいることを予告する役割をもっています。

　図や表はもともと2次元ですから、1次元ではわかりにくい情報を2次元的に示すことができます。これについては、5.3節で述べましょう。

4章のまとめ

- 1つの文章は1つの目的と、その目的に沿った内容で書く。そのためには、文章を書き始める前に、目標規定文を書く。　　　　　　　　(4.1節)
- 文章の目的に照らして、必要かつ十分な内容に絞りこむ。　　(4.1節)
- 全体像を先に示してから、順次細部の説明に移る。これを階層的に行う。　　　　　　　　　　　　　　　　　　　　　　　　　　　　(4.2節)
- 重点先行という書き方もある。　　　　　　　　　　　　　　(4.3節)
- 適切なタイトルや見出しを付ける。　　　　　　　　　　　　(4.4節)
- いくつかのことを順に述べるときは、その前に、「3つあります」のように項目の数を言う。　　　　　　　　　　　　　　　　　　　(4.5節)
- 「はい」「いいえ」で答えられる質問には、「はい」「いいえ」をまず答える。　　　　　　　　　　　　　　　　　　　　　　　　　　　　(4.5節)
- 結論を先に、理由を後に。補足・例外も後。　　　　　　　　(4.5節)
- 必要に応じて、「総論−本論−結論」の3部形式（サンドイッチ構造）を使う。　　　　　　　　　　　　　　　　　　　　　　　　　　(4.6節)
- 書くべき事項を材料メモに拾い上げて整理し、グループ化する。材料メモから、書く順番を決めて一つながりの文章にしていく。これをきちんと行うことで、ダブリ・モレ・ズレが防げる。　　　　　　(4.7節)
- 材料メモから1次元の文章に変換していくさいに、階層構造、並列構造、図や表といった2次元以上の表現をうまく活用するとよい。

(4.7節)

4章 [演習] 解答例

演習 4.1 A

④、⑤、⑦

演習 4.2 A

〈解説〉

問題文の部下の発言では、だらだらと新しい情報が付け加えられていって、最後の1行が結論（全体像）になっていますね。ですから、これを最初に持ってきます。続いて、問題が2つあることを述べてから、それぞれの問題を説明します。次のようになります。

〈解答例〉

今度の社内広報誌の編集が予定より遅れそうです。

問題が2つあります。1つは、○○事業部長の原稿がまだいただけていないことです。字数は決めてお願いしてあるのですが、今度の号は○○事業部についての特集号ですから、部長の原稿の内容によっては他を調整する必要が出てくるかもしれません。

もう1つは、○○事業部のOB・OG社員の座談会の記録が入るのですが、それのテープ起こしに誤りが多いのです。出席者に各自の発言の部分をチェックしてもらっていますから、それも全員分集めるには時間がかかりそうです。

演習 4.3 A1

〈解説〉

これは誰宛の文章でしょうか？ 生徒宛ですね。そうすると、生徒にとっていちばん大事な情報は「今日の帰宅は正門でなく通用門を利用してください」という部分です。ですから、重点先行のルールにしたがって、これを最初にもってきます。次のようになります。

〈解答例〉

今日の帰宅は正門でなく通用門を利用してください。

というのは、今日は学外から大勢のお客さんが車で来られる予定です。帰られる時間にぶつかると、正門付近が混雑しますので、今日の帰宅は正門でなく通用門を利用してください。今日の6時限目に2年生の一部のクラスで英語の公開授業が行われるためです。その後、参加者のあいだで授業にたいする質疑応答と懇談が予定されています。

演習 4.3 A2

〈問題点〉

1. テレビのリモコンでは、間違って扱ってもそれほど大事になる事故は起こらないと思います。ですから、「使用上の注意」は最後でよろしい。
2. 「電池の入れ方」の説明を先にすべきです。なぜなら、買ったときには電池は別にしてあるか別売で、リモコンに電池は入っていないでしょうから。電池を入れて、リモコンを実

際に操作しながら、各キーの機能を確かめたいでしょう。電池さえ入れれば、テレビの電源ONやチャンネルの選択などは、使用説明書を読まなくても使えるでしょうし。

〈改善策〉
次の順序にします。
・電池の入れ方、交換の仕方
・操作面全体のイラスト
・各キーの機能
・使用上の注意

演習 4.4 A

目標規定文
　パソコンを長時間使うときの身体的疲労を予防するための注意点を、姿勢、ディスプレイ、休憩、空調、仕事の調整の5点に分けて述べる。
〈解説〉下線の部分を省略した解答も考えられます。

タイトル
　パソコンを使うときの身体的疲労を予防するための注意点
〈解説〉目標規定文の中から、タイトルに含めたい、あるいは含めてもよいキーワード（鍵となる語）を拾っていきます。この例では、「パソコン」「長時間」「使う」「身体的疲労」「予防」「注意点」。この中から、削ろうと思えば削れるというキーワードは省きます。この場合、「長時間」がそれに当たります。残った5つのキーワードを適宜つなげてタイトルにします。
　パソコン使用における身体的疲労の予防のための注意点
でも同じキーワードを用いています。やや硬い感じになることと、「の」が連続する難点（1.9節）があります。
　一般に、タイトルや見出しは、必要十分なキーワードを選択して、それらによって簡潔な表現を作ります。必要なキーワードは含めなければなりませんし、絶対必要とは言えないキーワードはできるだけ省いて簡潔にします。この振るい分けがポイントです。したがって、最良のタイトルや見出しについて、唯一の正解は通常ありません。かなり微妙な選択をよく考えて行ってください。

演習 4.5 A

　この駐車場では前向き駐車をお願いします。後ろのアパートから苦情が出ていますので。

演習 4.6 A

〈問題提起型〉
　M社のウェアラブル・コンピューター付きのサングラスMSR-XXXの需要が急に増えました。M社でも増産し始めていますが、品不足はしばらく続く見込みです。M社への適切な発注量を決める必要があります。

〈結論1型〉
　M社のウェアラブル・コンピューター付きのサングラスMSR-XXXの需要が急に増えました。M社でも増産し始めていますが、品不足はしばらく続く見込みです。M社への適切な発注量を決める必要があります。以下に述べるさまざまな要因を考え合わせた結果、10個ぐらいの単位で小きざみに発注をかけるのが良いという結論になりました。

演習 4.7 A

田中部長
秋田です。

本日、山本商事様のところに伺いました。
ご要望が3件ありました。

1. 請求書などのデザインの変更
　急いでいるのは、販売管理システムで印字している請求書などのデザインだそうです。山本商事では、来年1月に社名が変わるそうです。それにともない、システムで印字している請求書などのデザインを変更してほしいとの要望です。
この件は12月初旬までに対応してほしいとのことです。

2. ネット通販の可能性
　ネット通販をできないかと訊かれました。
昨年度から始めた健康食品の通販が好調だそうです。
現在は電話で注文を受けていますが、インターネットでも注文を受けられるようにしてほしいそうです。電話だと対応時間も限られるし、オペレーターの人件費もかかるからです。
できれば、来年1月から始めたいとのことです。

3. 勤怠データの自動入力
　現在、山本商事では、勤怠データを各部署で手入力していただいています。
導入時は社員数も少なかったので、それで済んでいました。
しかし、社員も増え、入力に時間がかかっているそうです。
勤怠データを自動入力できるようにしてほしいという要望でした。
しかし、この件は一番最後でもよいそうです。

9月25日に次の打合せがあります。今回いただいた3件のご要望について、それぞれ対応スケジュールをつくって持って行くことになりました。
見積書もお願いしますとのことでした。

以上、取り急ぎご報告いたします。

（署名　省略）

〈解説〉
- 最初に「ご要望が 3 件ありました」と書いています。4.5 節で紹介した「3 つあります」を利用しました。
- 3 つの要望、およびその前後の部分を空白行で離すことによって、情報のまとまりを把握しやすくしました。
- 3 つの要望のそれぞれに番号付きの簡潔な見出しを付けました。
- 3 つの要望は、急ぐ順に並べ替えました。

5章

文書への仕上げを考えよう

5.1 文章と文書の違い
5.2 箇条書きを駆使する
5.3 表と図を活用する
5.4 統一性を保つ
5.5 文書のレイアウト

5.1 文章と文書の違い

今では、学生も社会人も、ほとんどの場合、文章はワープロソフトを利用して書き、それを印刷して自分で文書のかたちにして他の人に読んでもらいます。メール、SNS、チャットなどでは、キー入力した電子データのままで読まれ、印刷すらされません。

まず、文章と文書の違いについて説明しておきます。

文章： 文が集まったもの。文は文字の連なりですから、文字を連ねたものとも言えます。文字としては、改ページ記号、改行記号のような特殊な文字も含みます。紙の上に書かれたり印刷されたりしたものだけでなく、電子的な形の文字の連なりも含めます。パソコンで扱うテキスト・ファイルがそれに当たります。

文書： 文章が実際に 1 枚以上の紙に書かれたり印刷されたりして、複数枚にわたるならば綴じられたり製本されたりしたもの。文章だけでなく、表・図・イラスト・写真を加えることもあります。つまり、文書は、書かれた文章が実体となったものです。英語の document をカナ書きしてドキュメントと呼ぶこともあります。紙の上の文書と同じ表現をパソコンやタブレットなどで見ることのできる電子文書も、文書の 1 つの形態です。メールや SNS 上のメッセージは、紙のかたちでの出力を想定していませんが、それらも文書です。

4 章の終わりのコラムで述べたように、文章は一つながりの紐のようなもの（1次元）です。それにたいして、文書は、1 つのページだけをとっても 2 次元になります。この章では、文書における 2 次元的な構造を利用する技術や、それに関連する注意を扱います。

5.2 節で採り上げる箇条書きは文章の一部ですが、一つながりの文章に並列的な構造を持ちこみます。5.3 節では、表と図の活用について学びます。残りの 2 節では、文章全体における統一性と、文章を文書の形にする場合のレイアウトと

いう、2つの重要な観点を説明します。

5.2 箇条書きを駆使する

　箇条書きにすると文章が見やすく、理解しやすくなる例は、これまでに何度も示してきました。その理由も、4章の終わりのコラム内で触れました。一般に、次のような場合には、箇条書きにして理解しやすくすることを考えてみてください。
- (a) 順序をもつものごとや、順番に実行する手順を説明する場合
　　［例］ある料理の作り方の説明
- (b) 並列的なことがらを説明する場合
　　［例］ここの箇条書きじたいが、その例になっています
- (c) あること・ものを構成するいくつかの項目を説明する場合
　　［例］会議の日時・場所・議題などの説明

　この節では箇条書きについて知っておくほうがよいことを学び、演習をやってみましょう。

　箇条書きは、箇条書きを構成する各項目を、それぞれ行を分けて（普通は1項目を1行に）書くのが原則です。さらにそれは、各項目に番号を付ける方法と、「・」などの記号を先頭に付ける方法とに分かれます。番号付けは、①②③……、a) b) c)……など、いろいろな変種が選べます。記号も「-」とか、他の記号を選ぶことができます。

　番号を付けるか、記号を先頭に付けるかは、どのように選択すればいいのでしょうか。番号を付ける方法は、次の場合に用いると良いでしょう。
- ・列挙する項目間に順序がある場合（この節の最初で述べた(a)の場合）
- ・全体でいくつの項目があるかという情報も伝えたい場合
- ・後で、項目を参照する場合

これら以外の場合は、記号を先頭に付ける方法を選びます。すぐ上の例のように。特に、異なる種類の情報を箇条書きで列挙する場合は、記号を先頭に付ける方法が適切です。この節の最初で述べた（c）のように、会合の日時・場所・議題を箇条書きで書く場合がその例です。

　各項目を1行に書くスタイル以外に、文章中に改行せずに各項目を埋めこんでしまう方法もあります。各項目が短い語句の場合に使われます。
［例］箇条書きは、（1）各項目に番号を付ける方法と、（2）・などの記号を先頭に付ける方法とに分かれます。
　番号（1）（2）がない場合に比べて、選択肢が2つあることと、その2つの選択肢が何であるかを、より明瞭に示すことができます。文章中に埋めこんだ箇条書きでは、必ず番号づけによることとし、記号を先頭に付ける方法は用いられません。

　箇条書きの各項目が数行以上にわたる場合には、番号付けの方法が用いられます。このときは、番号を付けることによって、各項目の切れ目を表示することが主目的になります。129ページに例があります。箇条書きとは呼ばない人も多いようです。

　箇条書きを階層的に使う場合もあります。プレゼンテーションではよく用いられます。階層は記号の種類とインデンテーション（字下げ）の深さで区別します。3階層以上の箇条書きは作らないほうが良いと考えます。その必要がある場合は、5.3.1で述べる表の活用を考えてください。

　箇条書きを活用するとよい例題はこれまでに出てきましたので、さっそく演習に入りましょう。

演習 5.2 A1

　次の文章にたいして、箇条書きの手法を使って理解しやすく書き直してください。

> 　南星大学麻生キャンパスへおいでになる方法をご説明します。
> 　西京電鉄麻生駅前 7 番乗り場から無料のスクールバスが出ています。大学正門のすぐ内側に到着します。欠点は、授業開始に間に合う時間帯以外は、1 時間に 1 本程度しか出ていないことです。時刻表は
> http://〜〜
> にあります。
> 　あるいは、同じ麻生駅前 3 番乗り場から出ている高林町行きのバスで、南星大学入口で下車して 10 分ほど歩いてください。バス停からバスの進行方向に向かってすぐの道を左に入ってください。10 分ほどで、右手に南星大学の正門が見えてきます。このバスは 15 分おきに出ています。料金 220 円です。
> 　もう一つ、西京電鉄下麻生駅から歩く手があります。20 分強かかります。下麻生駅出口からまっすぐ伸びているささやかな商店街が切れるあたりの信号機のある交差点を右に折れてください。そのまままっすぐ 15 分くらい行くと、南星大学の塀にぶつかります。塀に沿って左へ進むと、じきに西門があります。
> 　麻生駅は急行も止まりますが、下麻生駅には急行は止まりません。
> 　私は 8 号棟 4 階 403 室に居ます。8 号棟の位置は、キャンパスマップ
> http://〜〜
> を見てください。正門からは 7 分くらい、西門からは 2 分くらいです。

箇条書きにおける注意点

　箇条書きの各項目には、同じ表現形式を用いるようにします。

- 述語を含む 1 つの文
- 名詞止めの表現
- 「こと」で終わる表現

のなかの 1 つの形式に統一してください。

演習 5.2 A2

　次の箇条書きの項目は表現形式が統一されていません。統一した表現形式に書き改めてください。

> この公園では次の行為を禁止します。
> - 犬の放し飼い
> - キャッチボール、サッカー、スケートボード等をすること
> - バーベキュー等、火を使用すること
> - 近隣の迷惑となる大音量の演奏

演習 5.2 B1

この箇条書きも、統一した表現形式に書き改めてください。

> 参加のさいは次の点にご注意ください。
> - 申請用紙に必要事項を記入してお持ちください
> - 印鑑持参
> - 年齢を証明できる書類（免許証、健康保険証等）
> - 駐車場はありませんので、公共交通機関でおいでください

演習 5.2 B2

次の文章を整理して、なるべく箇条書きを活用してください。

> 　デジカメの使い方については、2つの講座を開いています。デジカメ入門講座とデジカメ中級講座です。
> 　デジカメ入門講座は、デジカメは初めてという方、あるいはそれに近い方を対象としています。内容は、撮影のしかた、パソコンへの転送のしかた、印刷のしかた、アルバムの作り方です。4月〜7月の第4木曜日13：00〜14：30の4回開催します。受講料は¥8,000です。デジカメを持っている方は持参してください。持っていない方には、第1回だけ当方のデジカメをお貸しします。第2回目までに、自分のデジカメを購入してください。機種については講師が相談に応じます。
> 　デジカメ中級講座の対象者は、デジカメ入門講座を修了された方、あるいはそれと同レベルの方です。内容は、絞り・シャッター速度・露出補正、さまざまな撮影、画像の記録形式です。4月〜7月の第4土曜日10：00〜11：30の4回開催します。受講料は¥10,000です。

5.3 表と図を活用する

5.3.1 表の活用

　文章ばかりで表現するのでなく、表や図を活用すると伝わりやすくなったり、理解が深まったりすることがあります。表や図は、文章で書くと複雑になってしまう事柄を、整理した形とか、直感的に把握しやすい形で、表すことができます。表や図の 2 次元性をうまく利用するわけです。人は、表や図があると、文章を追うよりも表や図に先に目が行く傾向があるようです。文章ばかりの単調性を破るという効果もあります。

　まず、表の活用について採り上げます。表は箇条書きの延長線上にあります。箇条書きでは 1 次元にしか並べることができませんが、表では 2 次元、あるいはそれ以上の次元に整理することができます。

例題 5.3 次の箇条書きで記された内容を、学生がただちに理解できるような表形式にまとめ直してください。ただし、この学部には、A、B、C、D、E、F の 6 つの学科があるものとします。

　本学部における卒業に必要な単位数は、次の全ての要件を満たすこととする。
(1) 総単位数 124 単位以上
(2) 必修科目の単位を全て修得していること
(3) A 学科、B 学科、C 学科、D 学科においては、選択必修科目 16 単位以上
(4) リベラルアーツ科目 30 単位以上
(5) 英語 10 単位以上。ただし、E 学科、F 学科の学生で第二外国語を 4 単位以上修得している者は、英語の単位の必要数を 8 単位まで減らすことができる

例題 5.3 解答例

　本学部における卒業に必要な単位数は、表 3 中の全ての要件を満たすこととする。

表 3　卒業必要単位数

A 学科 B 学科 C 学科 D 学科 の学生		総単位数 124 単位以上
		必修教科の単位を全て修得していること
		選択必修科目 16 単位以上
		リベラルアーツ科目 30 単位以上
		英語 10 単位以上
E 学科 F 学科 の学生	第二外国語を 4 単位以上 修得している者	総単位数 124 単位以上
		必修科目の単位を全て修得していること
		リベラルアーツ科目 30 単位以上
		英語 8 単位以上
	第二外国語の 修得が 4 単位未満の者	総単位数 124 単位以上
		必修科目の単位を全て修得していること
		リベラルアーツ科目 30 単位以上
		英語 10 単位以上

【解説】学生が一目で卒業必要単位を把握することができ、誤解の恐れも少なくなったと思います。この表では、E 学科と F 学科の学生を、第二外国語を 4 単位以上修得している学生とそうでない学生にさらに分けて表示しています。そこまでしなくても、演習問題中の記述のように、ただし書きで対処する表し方も妥当な解答の範囲内でしょう。

　表には、「表 1」のような表番号と簡潔な説明（見出しにあたり、キャプションと呼びます）を付けます。また、**本文中で必ず表を引用します**。そうしないと、本文だけを読みすすめて、表を見ないかもしれないからです。表番号とキャプションは、表の上に書きます。組織の内部用の短い文書では、表番号・キャプションを省略して、「下の表のように」などと引用することも許されます。

演習 5.3 B1

　演習 5.2 B2（124 ページ）において箇条書きにした文章を、表形式にまとめてください。
　（ヒント）講座ごとに 2 つの表に分けるか、1 つの表にするか？

5.3.2 図の活用

つづいて、図の活用について考えてみましょう。

> **演習 5.3 A1**
>
> 次の文章の数値の部分を、まず表形式にまとめてください。次にその表を図（グラフ）に置き換えてください。表あるいは図に直したことによって気づいた点があれば、文章に補足してください。
>
> > ○○県もご多聞にもれず、人口流出が続いている。○○県で最も大きい2つの市、A市とB市は人口がともに約15万人である。両市の2010年から2015年における年ごとの純流出人数（流出人数－流入人数）は次のとおりである。A市は、2010年から順に1,901、1,880、2,067、2,154、1,672、1,708。B市は、同じく1,235、1,178、1,303、1,392、1,314、1,438。A市のほうが、流出が激しい。

図にも、表とは別の系列で「図1」のような図番号と簡潔な説明（見出し、キャプション）を付けます。表とは違い、図番号とキャプションは図の下に置きます。**本文中で必ず図を引用してください。**組織の内部用の短い文書では、図番号・キャプションを省略して、「右の図のように」などと引用することも許されます。

図については、この演習問題のように数値で表されたデータをグラフにするだけでなく、文章で伝えるかわりに、あるいは文章の補助として図を用いる方法があります。この目的のためにさまざまな図解の方法が使われます。この本では、i、92、103、107ページの図が、そのような図解の例です。文章で説明すると、長く煩雑になってしまうことを、一目で直感的に把握できるような図に表わせる場合があります。また、大まかな要点だけを伝えるのに図を用いることもあります。図をうまく使うことによって、文章だけでは伝えにくい内容を直感的に理解しやすくする効果が得られます。

図解表現は、特にプレゼンテーションでは盛んに利用されます。図解表現の方法については、この本の目的からはみ出しますので、述べません[1]。

しかし、図を用いること、特に図解表現の使用には問題点もあります。図は見る人の直感に訴えて効果的ですが、伝わる情報の正確さ・厳密さという点では、文章に及びません。たとえば、AからBへの矢印には、AがBに変化する、AがBに影響を及ぼす、AをBでより詳しく説明する、など多様な意味を持たせることができます。丸の中に別の丸があるとか、2つの丸がからみ合っているとかの表現でも、解釈は一通りではないでしょう。

図は直感的ですが、正確さ・厳密さでは文章に劣るという事実に留意して、文章の長所と図の長所をうまく組み合わせるのがコツです。逆に言えば、両者の短所を補い合うように用いてください。文章と図がまったく同じような内容で、相補性が発揮できないような使い方をすべきではありません。そのようなとき、図は不要です。

プレゼンテーションで見せる資料の場合は、それを見せながら文章の形をとった説明をしていきます。この場合は、直感に訴えた図解（ビジュアライゼーション）が活躍します。会社内の文書でも、それをもとに口頭で説明できる場合は、これに準じるでしょう。しかし、文書がそれだけ単独で読まれる可能性のある場合には、上に述べた理由で、過度のビジュアライゼーションは禁物です。

> **演習 5.3 A2**
>
> 図解の練習をしてみましょう。4.7 節「情報をグループ化して並べ、ストーリーを作る」で述べたやり方を図解してください。

5.4　統一性を保つ

この節では、統一性について説明します。統一性とほぼ同じ概念として、一貫性という言葉も用いられます。ここでは両者を合わせて、単に統一性と呼びます。

1　たくさんの本が出ています。たとえば、飯田英明：『プレゼンに勝つ図解の技術（第2版）』、日経文庫、2012。

統一性は、文章を伝わりやすく、かつ美しくも見せるために、初心者が思っている以上に大切です。

1つの文章内では、できるだけ統一された、言い換えれば一貫した表現を用いることについては、これまでもいくつかの話題に触れてきました。
- 一語一義
- 読点の打ち方
- 箇条書きにおける各項目の表現形式の統一

箇条書きにおいては、表現形式だけでなく、内容のレベルも統一されている必要があります。たとえば、行きたい旅行先として、東北地方、軽井沢、北陸、熊野古道、島根県と並べるのは、おかしいですね。

もっと大きなレベルでの統一性にも注意してください。これからいくつかの例を挙げますが、それらは例示に過ぎません。統一を保つべき点はほかにもたくさんあります。

（1） 3.7節で、説明の順番についていくつかのパターンを示しました。それらの秩序だった順番で説明するのではなく、思いつくままの順番で書いてはいけません。そのためには、4.7節で述べた「情報をグループ化して並べ、ストーリーを作る」という準備作業が大事です。また、時間順に説明してきたのに、とくに理由もなく、途中で空間順に説明を切り替えるなどということも、良くありません。

（2） いくつかのことを一般論で説明したあと、それぞれの例を挙げるのに、一般論での順番と例の順番は同じに揃えます。いくつかの図の順番と、それらの本文中での説明の順番も同様です。いくつかのデータに対する実験結果を示すとき、データの表示の順番と、結果の表示の順番が違っていたら、読み手は誤解する恐れがあります。

（3） いくつかのことを説明するのに、あることは簡単に、別のことは細部まで詳しくというように、説明の詳しさがばらばらなのも、避けるべきです。これも文章の統一感を損なうからです。

(4) ある手順を説明するのに、各操作が能動態で書いてあるのに、1つの操作だけ受身で書かれているというのも、統一性に欠けます。
(5) 2つ以上のグラフが比較される可能性があるならば、縦軸の目盛りを長さも含めて統一すべきです。そうしないと、事実とは異なる印象を与えてしまいます。

統一性は、1つの文章の中だけでなく、社会で用いられている慣習とも一致していなければなりません。
(6) グラフで時間的な変化を示すとき、古いデータが左または上に、新しいデータが右または下にくるように並べます（138ページ、図11）。これが、確立された慣習です。同じように、図解するときも、時間の順序が関係するときには、古いものを左（上）に、新しいものを右（下）に置きます（138ページ、図12）。改善前の状態を右に、改善後の状態を左に描いたら、そそっかしい人は逆に読みとってしまうでしょう。
(7) 階層構造の表示では、階層が上のものが上または左に来るべきです。

> **演習 5.4 A**
>
> 次の文章を統一性の観点から批判してください。改善案を示す必要はありません。
>
> > 我が社の第4四半期の売上高は、前期より2.8%増の82億4300万円（前年同期比6.3%増）であった。しかし、純利益は6億1900万円で、前期より1%以上も減ってしまった。純利益を海外と国内に分けて見ると、海外では、前期1億2000万円、今期1億3300万円と10.8%増であった。しかし、国内では前期5億0900万円、今期4億円8600万円と4.5%減になってしまった。この国内での利益減が全体の足を引っ張って、減益をもたらした。海外での好調は、過去数年、東南アジアおよび東欧で販路拡張に取り組んできた成果が出てきたものと思われる。一方、国内では、若者の消費性向が伸びない中で、ライバル各社との間で値引き競争を繰り広げざるを得なかったことが響いている。

5.5 文書のレイアウト

　文章を紙の文書として印刷したり、それと同じ形をディスプレイ上で表示したりするとき、文章を紙の上でどう配置するかをレイアウトと言います。レイアウトは、読みやすさや書かれたことの伝わりやすさに大きく影響します。たとえば、ページいっぱいにぎっしりと文字が詰まった文書は、読もうとする気さえも減退させるかもしれません。そんなページが何ページも続くとしたら、なおさらです。つまり、レイアウトの良し悪しは、読みやすさ、理解しやすさ以前の「読もうとする気」の段階から影響します。「伝わる文章」の書き方の締めくくりとして、文章を文書の形にするときのレイアウトについて述べます。

　大学とか企業のような組織内で使われる文書については、書式が決められていることが多いと思います。それに従えばよいので、自分でレイアウト上の工夫や注意をする余地はあまりありません。以下では、組織内・外を問わず、もう少し広い範囲の不特定多数の人が読む可能性のある文書について考えます。また、文章が主体の文書だけを対象とします。魅力的なイラスト・写真やグラフィック文字で構成されるチラシやポスターなどは、ここでの考察の対象から除外します。このように限定した文書について、レイアウトにおける基本的な注意を述べましょう。

ホワイトスペース

　ホワイトスペースとは、文書の各ページの中の、文字が印刷されていない白く見える部分を言います。ページの上下左右の余白、行間、空白行、パラグラフの最後の改行した後の部分、箇条書きなどで強制改行した後の部分、などで構成されます。

　ページ中のホワイトスペースの分量（割合）は、読もうとする気、読みやすさ、理解しやすさに影響を与えます。先に「ぎっしりと文字の詰まったページは読まれにくい」と書いたように。逆に、やや多めのホワイトスペースをもつ文書は読

み手をほっとさせます。適切なホワイトスペースの割合は、文書の目的によって大きく異なるので、数値として示すことはできません。一般に、広い範囲の人々に読まれる文書ほど、思いきってホワイトスペースを多く取るのが良いようです。漢字とかなの比率も、ホワイトスペースの量と同じような効果を付加的に与えます。

　前にも述べたように、表や図の挿入は、文字だけが並んだ文書の単調さを破る効果があります。もし、表や図が文章の1行の幅より狭いならば、表や図の左右にホワイトスペースが生じる効果も加わります。

フォントの選択
　紙に印刷するとしたら、全角文字として主に使うフォントは明朝体がよいと思います。強調する箇所には、ゴチック体やイタリック体を使います。使うフォントの種類は、2種類からせいぜい3種類にとどめるべきです。半角文字は、明朝体で揃えるか、Century とか New Times Roman とかのアルファベット系のフォントにするかの選択肢があります。フォントのサイズは、読みやすいサイズを選んでください。本文は9ポイント以上にすべきです。9、10、10.5ポイントが普通用いられます。（この本の本文は9ポイントです。）行間は文字のポイントから2ポイント少ないくらいが、美しく、読みやすいようです。脚注や参考文献の表示には、8ポイントとか7ポイントを使ってもかまいません。

　ウェブページでは、明朝体よりもゴチック体のほうが読みやすいようです。ウェブページでは、さまざまなフォントの使用の可能性が広がりますので、これ以上深入りしません。

　ページの上下左右の余白、1ページあたりの行数、1行あたりの文字数、フォントの種類とサイズは、ワープロソフトによって標準値が決められています。上下の余白と行数によって、行間の高さが決まります。特に変更の必要がなければ、標準値で使うことを勧めます。

情報のグループ化
　4.7節で、関係の深い情報をグループにまとめるというやり方を説明しました。

それぞれのグループが、レイアウト上でも空間的にまとまった塊として見えるようにするのが理想です。並列に並ぶべきグループは、塊が並列に並んで見えるように、グループ間に階層的な関係があるなら、塊のあいだの階層がつかみやすいように、レイアウトします。具体的なイメージは、後で示すレイアウトの改善例を参考にしてください。

禁則処理

見た目の美しさや理解の容易さの観点から、伝統的に、行の初めあるいは行の終わりにくることを避ける文字があります。それらの文字が行の初めや終わりにこないように調整する処理を禁則処理と言います。

　　行の初め：　句読点（、。？！・など）、右かっこ ）、拗音・促音（ゃゅょっ）
　　行の終わり：　左かっこ （

【注意】これらは主な文字を挙げただけで、完全なリストではありません。

Microsoft Word などのワープロソフトを使っていれば、上に述べた行単位の禁則処理は、ワープロソフトが自動的に行ってくれます[2]。

ページの最後の行に、章・節のタイトルや見出しがきて、それ以降の本文は次のページに置かれることも避けなければなりません。このページ単位の禁則処理は、自動的に行わないワープロソフトが多いので、文書作成者が自分で対処する必要があります。

次の 2 ページにレイアウトの改善例を示します。A4 サイズのパンフレットを縮小表示したものです。改善前のレイアウトでも、情報のグループ分けはある程度できていますが、それぞれの情報グループがすぐ塊として認識できるようにはなっていません。改善後のレイアウトと比べてみてください。

---

[2] 禁則処理ではありませんが、人名が 2 行に分割されることを嫌う人もいますので、注意してください。特に、メールや SNS では要注意です。

| 改善前 |

パブリック・コメント制度を始めます

　〇〇市では、新年度からパブリック・コメント制度を導入します。
　パブリック・コメント制度とは、あなたのご意見を市政に反映させるご意見募集制度です。

　市民生活や事業活動に大きな影響を及ぼすような施策や条例を決定したり改正しようとするとき、案の段階で公表し、皆さまからのご意見を募集します。たとえば、
　　・市の基本的な施策に関する計画
　　・市政の基本方針を定める条例
　　・市民等に義務を課したり、市民等の権利を制限したりする条例

　案の公表と意見募集のお知らせは、次のように行います。
　　・市の広報
　　・市のホームページ
で案を公表し、ご意見の提出方法・提出先をお知らせします。提出期間は約1ヶ月です。
　また、次の場所で配布もします。
　　・市役所広報課
　　・市役所分室
　　・各公民館
　〇〇市民および〇〇市へ通勤・通学する人は、誰でもご意見を提出することができます。

　皆様から寄せられたご意見を反映して案の見直しを行い、ご意見に対する市の考え方、案の修正点、修正理由を、上記の公表方法と配布場所で公表します。
　その上で、ご意見を反映して修正した案を市議会で審議し、計画の決定や条例の制定をします。

パブリック・コメント制度の流れ

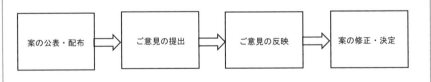

改善後

あなたのご意見を市政に——パブリック・コメント制度

○○市では、新年度からパブリック・コメント制度を導入します。

パブリック・コメント制度とは
　あなたのご意見を市政に反映させる、ご意見募集制度です。

どんな場合に行うのか
　市民生活や事業活動に大きな影響を及ぼすような施策や条例を決定（改正を含む）しようとするとき、案の段階で公表し、皆さまからのご意見を募集します。たとえば、
　・市の基本的な施策に関する計画
　・市政の基本方針を定める条例
　・市民等に義務を課したり、市民等の権利を制限したりする条例

意見を出せる人
　○○市民および○○市へ通勤・通学する人

パブリック・コメント制度の流れ

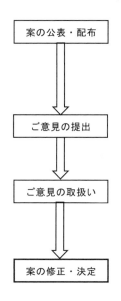

案の公表とご意見募集のお知らせは
　・市の広報
　・市のホームページ
で案を公表し、ご意見の提出方法・提出先をお知らせします。提出期間は約1ヶ月です。
　また、次の場所で配布もします。
　・市役所広報課
　・市役所分室
　・各公民館

寄せられたご意見は
　皆さまから寄せられたご意見を反映して案の見直しを行い、ご意見に対する市の考え方、案の修正点、修正理由を、上記の公表方法と配布場所で公表します。

　その上で、ご意見を反映して修正した案を市議会で審議し、計画の決定や条例の制定をします。

5 章のまとめ

- 今では、文章を自分で文書の形にすることが多い。　　　　　　　（5.1 節）
- 箇条書きにできるときは、箇条書きにする。箇条書きの各項目は同じ表現形式で統一する。　　　　　　　　　　　　　　　　　　　（5.2 節）
- 表にするとわかりやすくなることがある。　　　　　　　　　（5.3.1）
- 図にする、あるいは図解すると、直感的にわかりやすく伝えることができる場合がある。　　　　　　　　　　　　　　　　　　　（5.3.2）
- 口頭で説明を補足できる場合以外は、図解の過度な使用は避ける。　　　　　　　　　　　　　　　　　　　　　　　　　　　　（5.3.2）
- 統一性・一貫性を保つ。　　　　　　　　　　　　　　　　　（5.4 節）
- 文書にする場合には、レイアウトにも注意を払う。　　　　　（5.5 節）

5章 ［演習］解答例

演習 5.2 A1

南星大学麻生キャンパスへおいでになる方法は3つあります。
(1)　西京電鉄麻生駅前7番乗り場からスクールバスに乗る
(2)　西京電鉄麻生駅前3番乗り場から、高林町行きのバスで南星大学入口で下車して、10分ほど歩く
(3)　西京電鉄下麻生駅から20分強歩く

麻生駅は急行も止まりますが、下麻生駅には急行は止まりません。
以下、それぞれを説明します。
（各方法と自室の説明は、問題文から自明なので、省略します。）
〈解説〉3つの方法の詳しい説明を、各選択肢の後にそのまま続けるかどうかで迷うところです。そのようにすると、演習問題の記述に(1)(2)(3)の番号を振っただけに近い形になります。方法が3つあることを述べた直後に、その3つの方法の簡潔な説明を並べるほうがよいと考えて、上の解答例にしました。

演習 5.2 A2

すべての項目を「こと」で終わるように統一する手もありますが、簡潔にするため、名詞止めに統一した解答を示します。
この公園では次の行為を禁止します。
- 犬の放し飼い
- キャッチボール、サッカー、スケートボード等のスポーツ
- バーベキュー等、火の使用
- 近隣の迷惑となる大音量の演奏

演習 5.3 A1

表4　A市とB市の純流出人数の推移

年	A市	B市
2010	1,901	1,235
2011	1,880	1,178
2012	2,067	1,303
2013	2,154	1,392
2014	1,672	1,314
2015	1,708	1,438

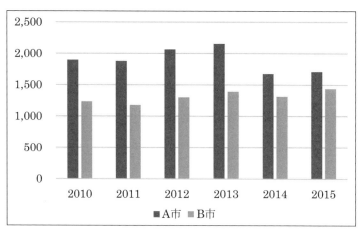

図11　A市とB市の純流出人数の推移

たとえば、次のような文を追加することが考えられます。
　表4や図11を見ると、B市のほうは純流出人数がやや増加気味であるが、A市のほうは2014年と2015年は下がっていることが注目される。

演習 5.3 A2

たとえば、図12のように図解します。ただし、この図では次の2点には触れていません。
- 材料メモを作るところで、必要ないかもしれない項目も挙げておくこと
- グループ化のさいに、必要ないと判断した項目は外すこと

これらは枝葉の部分と考えて、本質的な過程だけを図解しました。

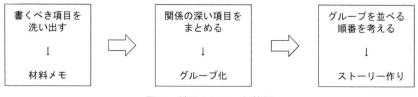

図12　演習 5.3 A2 の解答例

演習 5.4 A

- 「1%以上も」：なぜここだけ正確な比率が出ていないのでしょう？
- 売上高については前年同期との比較がありますが、純利益についてはありません。
- 純利益については、海外と国内の内訳が示されていますが、売上高については総額だけです。
- 純利益については、減少した原因が分析されていますが、売上高の増加については、一言のコメントもありません。バランスに欠けます。

おわりに

いかがでしたでしょうか。「伝わる日本語文章」の書き方・話し方について、重要な点を理解していただけましたか。演習を通じて、「伝わる日本語文章」を書く力・話す力がついたと感じていただけたら、著者2人はうれしく存じます。

以下で、いくつか残っている大事なことをお伝えします。

この本で採り上げなかったこと

「伝わる日本語文章」を書くために注意すべきことは、この本で採り上げた事項のほかにもたくさんあります。それらをすべて盛り込むことはやめました。この本では、大事でかつ適用範囲が広いと著者らが考えた事項に絞ってあります。そこで、候補には挙げたけれども、重要性が低い、あるいは適用頻度が高くないと考えて、省略した事項を以下に挙げておきます。このほか、候補にすら挙げなかった事項もあります。

1章　語のレベル
・合成名詞（2つ以上の名詞をつなげてできる名詞のこと）をむやみに作らない
・語と語の結びつきの強弱の乱れ
・同じ助詞を繰り返さない
・俗語・若者用語・くだけた表現・流行語を使わない
・〜〜的、〜〜化、〜〜性という形の新語を発明しない
・犯しやすいワープロ変換ミス

2章　文のレベル
・主語と述語が対応していない文（2.9.3で触れました）ほか、文法的に正しくない文
・はっきりと言い切る

- 修飾語句が限定の働きか、単なる説明か？ ［例］給料の低い派遣社員
- あいまいな比較（2.8.3で一例を挙げました）
- この本で採り上げた以外のあいまい表現
- 動詞の必須格の情報が書かれていない。（たとえば、動詞「動かす」は、誰が、何を、どこから、どこへ動かすのかが書かれていないといけません。「どこから」は、以前に書いた情報からわかると考えて省略すると、読み手が別の解釈をする場合があります。）
- 決まり文句に頼らない
- 文末に変化を持たせる
- 箇条書きなど、特別な場合以外は、名詞止めを使わない

3章　パラグラフ
- パラグラフの典型的なパターン
- パラグラフの中で抽象度を調節する。たとえば、トピック文の内容がやや抽象的な場合は、サポート文はその抽象的な内容を具体的に説明していく。

4章　文章全体の構成
- 文章の構想から、準備、執筆、推敲・校正にいたる一連の執筆過程全体の説明
- 抽象的な説明と具体例とを行き来する
- 大事なことは繰り返す
- いくつか挙げた条件のすべてを満たす必要があるのか、どれか1つ以上満たせばよいのか

伝わる日本語文章を書く力を伸ばすために

　伝わる日本語文章を書く力を伸ばすための魔法のような方法は、存在しません。伝わる日本語文章を書く機会をできるだけたくさん経験するしかないでしょう。文章を書くことは、この本で学んできたように、いくつもの層からなる複雑な過程です。ですから、つねにあらゆる注意事項に気を配りながら書くというのは、

大変なことです。まずは自分が選んだいくつかの事項だけを注意しながら書いてみよう、ということを試してください。そうすると、それらの事項のうちの多くは、無意識に守れるようになっていきます。そうしたら、別の事項を選んで、それらを意識的に守るようにします。こうして、だんだんと、意識しなくても「伝わる文章」を書ける力がついていくわけです。

　ただし、上のように少しずつ進歩を目指しながら、たくさん書けばよいだけではありません。そこに、たえず「これで良いのか」という「振り返り」を行う必要があります。周りの先達に読んでもらって、問題点を指摘してもらったり、添削してもらったりするのが、いちばん効果的です。しかし、そのようなことを頼める人や機会は少ないと思います。ですから、自分で自分が書いた文章を「振り返って」読むのが、次善の策です。そのためのチェックポイントの集まりとして、この本を活用していただければ幸いです。

　書くことと並行して実践していただきたい大事なことが、3つあります。
（1）　たくさん読むこと
　良い文章を書くためには、その何百倍もの文章を読む必要があります。情報を伝えることを目的とした文章だけでなく、文学的な文章も含めて、幅広い種類・分野の本や文章を読むようお勧めします。
（2）　考えて書くこと
　書くことと考えることは、一体です。いくら頭の中で考えていると言っても、そのままでは他人に示せません。また、頭の中の考えは「もやっ」としたもので、書きつけてみなければ明確になりません。書くには考えなければならず、書くことによって考えを明確にし、発展させることができます。
（3）　大切なのは、他者との「共感」
　相手にできるだけ正確に伝わる日本語文章とは、結局、コミュニケーションがうまく取れる文章です。円滑なコミュニケーションの根底には、他者と自分とのあいだの共感、思いやりが存在します。

書く力をさらに伸ばすために ── お薦めの本

上に述べた日々の実践のほか、「伝わる日本語文章」を書く力を伸ばすために、いくつかの本を推薦しておきます。すべてを読みなさいというわけではなく、付けてある説明を参考に、自分に適した本を選んで読むとよいでしょう。

最初に、著者らが書いた本を紹介します。

阿部圭一：『明文術　伝わる日本語の書きかた』、NTT出版、2006

この本のもとになった本です。この本は『明文術』に沿った演習問題集にあたります。

冨永敦子・綿井雅康：『わかりやすく説明する技術』、実業之日本社、2005

報告・提案・指示・商品説明・手順などのビジネスシーンごとに、説明の失敗例と解決例を紹介しています。コラムでは、わかりやすさ・わかりにくさの理由を認知心理学の見地から説明しています。

野矢茂樹：『大人のための国語ゼミ　増補版』、筑摩書房、2018

大人（大学生を含む）にとって必読の本と考えます。「きちんと伝えられる文章を書き、話す力、そしてそれを的確に理解する力、私たちはそんな国語力を鍛えなければならない。」そのために、この本は選び抜かれた68問を用意しています。

向後千春：『200字の法則　伝わる文章を書く技術』、永岡書店、2014

文章が書けない、書き始めてもすぐ行き詰まってしまうという人向けです。まず1つのパラグラフ（約200字）を書く練習から始め、その後は文章の型を利用することを勧めています。

木下是雄：『理科系の作文技術』、中公新書、1981

理系の論文・レポートの書き方について、英文では普通ですが日本では画期的な視点を、初めて提供した本です。多くの人に衝撃を与えました。

木下是雄：『レポートの組み立て方』、ちくまライブラリー、1990、および、ちくま学芸文庫、1994
　『理科系の作文技術』の文系向け版です。

小山透：『科学技術系のライティング技法』、慶應義塾大学出版会、2011
　理系文・実用文・仕事文の書き方に関する百科事典的な本です。いったん通読し、その後はわからないときに調べる事典として活用するとよいでしょう。

テクニカルコミュニケーター協会：『日本語スタイルガイド（第3版）』、テクニカルコミュニケーター協会、2016
　実用文全般に適用できる文章表現技術を紹介しています。ダメな例とその修正例が豊富なので、初学者でも理解しやすくなっています。

池上彰：『伝える力』、PHPビジネス新書、2007
　著者がNHKの「週刊こどもニュース」で鍛えられた「伝える力」をもとに、ビジネスパーソン用に書いたベストセラーです。池上が得たトレーニングを普通の大人が経験できるのが、先に挙げた野矢茂樹の著書です。

清水久三子：『ロジカル・ライティング』、日経文庫、2013
　社会人向けの日本語文章・文書の作成法として、最高レベルの本です。初心者は、わからない点が多くても一通り読み、実力をつけるにしたがって読み返すとよいと思います。

三森ゆりか：『ビジネスパーソンのための「言語技術」超入門—プレゼン・レポート・交渉の必勝法』、中公新書ラクレ、2021
　日本では言語技術が教育されていないことを指摘し、つくば言語技術教育研究所で多くの企業人やスポーツ・コーチに教えてきた内容を本にしたものです。日本語を「書く」技術だけでなく、言語に依らない、「書く」以外の言語技術も広く扱っています。

成田秀夫：『学びと仕事をつなぐ8つの日本語スキル』、丸善プラネット、2012
　こちらは日本語に限りますが、「書く」以外も含めた広い技術を論じています。

おわりに

ここで、この本の共著者の分担を記します。この本の初稿は、3章を冨永が、それ以外を阿部が書きました。しかし、阿部の担当した章でも、冨永が作成した例題・演習問題を一部使っています。また、すべての原稿について意見交換し、共同で推敲しています。

　私たちには、「伝わる日本語」の重要性と書き方を厳しく指導してくださった恩師がいます。宇田川銈久先生、福村晃夫先生、岸学先生、向後千春先生、ご指導に心より御礼申し上げます。また、「伝わる日本語」技法に関してさまざまなご示唆をいただいた、テクニカルコミュニケーター協会、テクニカルコミュニケーション学術研究会、システム開発文書品質研究会に謝意を表します。

　出版を快諾していただいた近代科学社の小山透社長に御礼申し上げます。編集を担当していただいた山口幸治、安原悦子、高山哲司の3氏に感謝します。

付録　チェックリスト

1. **語のレベル**
   - [ ] １つの語は一通りの意味で用いているか？ (1.1節)
   - [ ] 同じものごとを指すには同じ語を用いているか？ (1.2節)
   - [ ] 広すぎない、狭すぎない語（概念の木の中で適切なレベルの語）を使っているか？ (1.3節)
   - [ ] できるだけ定性的でなく定量的な表現にしているか？ (1.4節)
   - [ ] 読み手が理解できない語を使っていないか？（専門用語、略語、まだあまりなじみのないカタカナ語、難しすぎる語、仲間うちだけで通じる語など） (1.5節)
   - [ ] カタカナ語を乱発していないか？ (1.6節)
   - [ ] 漢字を使いすぎていないか？ (1.7節)
   - [ ] 「これ」「それ」「あれ」「この」「その」「あの」の指すものは直ちにわかるか？ (1.8節)
   - [ ] 「の」を他のもっと意味の狭い語に置き換えられないか？ (1.9節)

2. **文のレベル**
   - [ ] １つの文は１つのことを述べているか？ (2.1節)
   - [ ] 各文は50字以内か？ (2.2節)
   - [ ] 中止法を使っていないか？ (2.2節)
   - [ ] 接続助詞「が」を、逆接の意味でなく使っていないか？ (2.3節)
   - [ ] 過剰な、頭でっかちの修飾語句はないか？ (2.4節)
   - [ ] 埋め草はないか？ (2.5節)
   - [ ] 主語があいまいな文はないか？ (2.6節)
   - [ ] 能動に変えられる受身の文はないか？ (2.7節)
   - [ ] 二重否定を使っていないか？ (2.8.1)
   - [ ] 全否定か部分否定かがわかるように書いているか？ (2.8.2)
   - [ ] 「ように」と否定を組み合わせた文はないか？ (2.8.3)
   - [ ] 肯定文に変えられる否定文はないか？ (2.8.4)

付録　チェックリスト

- [ ] どこに係るかあいまいな修飾語句はないか？　　　　　　　　　（2.9.1）
- [ ] 副詞あるいは副詞的な役割をする短い語句は、動詞の直前にあるか？
  　　　　　　　　　　　　　　　　　　　　　　　　　　　　　　（2.9.1）
- [ ] 「長い修飾語句を前に短い修飾語句を後に」という原則に従っているか？
  　　　　　　　　　　　　　　　　　　　　　　　　　　　　　　（2.9.2）
- [ ] 修飾する先のない修飾語句や、述語との対応が不適切な主語はないか？
  　　　　　　　　　　　　　　　　　　　　　　　　　　　　　　（2.9.3）
- [ ] 読点を適切に打ってあるか？　　　　　　　　　　　　　　　（2.10節）

3. パラグラフのレベル

- [ ] 一パラグラフ一主題になっているか？　　　　　　　　　　　（3.2節）
- [ ] パラグラフの先頭の文はトピック文になっているか？　　　　（3.3節）
- [ ] サポート文では、トピック文で表明したことを詳しく説明しているか？
  　　　　　　　　　　　　　　　　　　　　　　　　　　　　　　（3.3節）
- [ ] 文章の読み手や目的にとって必要十分なサポート文を書いているか？
  　　　　　　　　　　　　　　　　　　　　　　　　　　　　　　（3.4節）
- [ ] なぜ、その主張が成り立つのかを丁寧に説明しているか？　　（3.5節）
- [ ] 書き手の意見と事実を明確に書き分けているか？　　　　　　（3.6節）
- [ ] 文章の目的や説明対象に合わせて、わかりやすい説明の順番になっているか？　　　　　　　　　　　　　　　　　　　　　　　　　　　　（3.7節）
- [ ] 接続語句を使って、文と文との関係を明確に表現しているか？（3.8節）
- [ ] 文と文とがうまくつながっていないと感じたら、以下の点をチェックする。
  - 文と文との間に、適切な接続語句が入らないか？
  - 重要な語句が途中で別の語句にすり替わっていないか？
  - 連続している2つの文中に同じ語句が入らないか？
  - 説明の順番は適切か？　　　　　　　　　　　　　（3.8節、3.9節）

付録　チェックリスト

4. 文章の全体構成のレベル

- ☐ 1つの文章は1つの目的と、その目的に沿った内容で書かれているか？ (4.1節)
- ☐ 文章を書き始める前に、目標規定文を書いたか？ (4.1節)
- ☐ 目標規定文に照らして、必要かつ十分な内容に絞りこんだか？ (4.1節)
- ☐ 全体像を先に示してから、細部の説明に移っているか？ これを階層的に行っているか？ (4.2節)
- ☐ 重点先行という書き方を採用しているか？ (4.3節)
- ☐ タイトルや見出しは必要な情報を簡潔に示しているか？ (4.4節)
- ☐ いくつかのことを順に述べるときは、その前に「3つあります」のように項目の数を告げているか？ (4.5節)
- ☐ 結論を先に、理由（や補足・例外）を後に述べているか？ (4.5節)
- ☐ 必要に応じて、「総論−本論−結論」の3部形式（サンドイッチ構造）を使っているか？ (4.6節)
- ☐ 情報のグループ化は適切にでき、かつそれがよくわかるように表現されているか？ (4.7節、5.5節)
- ☐ 記述の順番は適切か？ (4.7節)
- ☐ ダブリ、モレ、ズレはないか？ (4.7節)

5. その他の構造や文書化するときの観点

- ☐ 箇条書きにできるところは箇条書きにしているか？ (5.2節)
- ☐ 箇条書きの各項目の表現形式は統一されているか？ (5.2節)
- ☐ 表や図をうまく活用しているか？ (5.3節)
- ☐ 表や図には番号とキャプションがついているか？ 本文中で参照されているか？ (5.3節)
- ☐ 統一性・一貫性は保たれているか？ (5.4節)
- ☐ レイアウトに改善の余地はないか？ (5.5節)

索　引

▍数字▍

1次元の文章へ	113
3つあります	99

▍あ行▍

あいまいな修飾関係	39
あいまいな文	35
アウトライン	110
「あれ」	16
意見	67, 68
意見と事実の書き分け	67
一語一義	2, 3, 86
一パラグラフ一主題	56, 86
一文一事	26, 86
一文章一目的	86
受身	36
埋め草	34
同じ語句	76

▍か行▍

下位概念	5
階層構造	91, 110, 113
概念の木（ツリー）	6
係る	39
書く力を伸ばす	140, 142
箇条書き	121
箇条書きの表現形式	123
カタカナ語	11
かな漢字変換	13
考えて書く	141
漢字	12
漢字とかなの使い分け	13
漢字の使いすぎ	12
慣習	130
起承転結	106
逆接	30
キャプション	126, 127
強調する語句	34
禁則処理	133
グラフ	127
結論1−本論−結論2	104
結論を先に、理由を後に	100
件名	97
肯定文	38
「こと」	7
語の体系	5
「これ」	16

▍さ行▍

細部の記述	89
材料メモ	108, 113
サポート文	59, 61
サンドイッチ構造	103
事後の要約	103
指示代名詞	16
事実	67, 68
事前の要約	102
シソーラス	6
修飾関係	39
修飾関係のあいまいさ	39

修飾語	39
修飾語句	31, 42, 44
修飾語句、長い	31, 42
修飾語句、短い	42
修飾する先がない	44
重点先行	94, 99
重要な語句	14
主語	35
主語−述語の入れ子	33
主語を変えない	29
主題	56
主張	65
上位概念	5
情報のグループ化	108, 132
省略した事項	139
助詞	21
助詞「で」	21
助詞「の」	17
助詞「は」	21
助詞「より」	21
新聞記事	92
人名	133
図	127, 132
図解表現	127
図解表現の問題点	128
ストーリー作り	108
図番号	127
接続語句	73
接続詞	14, 73
接続助詞「が」	30
説明の順番	70, 72, 110
全体像	89, 99
全体像から細部へ	89
全否定	38
総論−本論−結論	102
「それ」	16

■た行■

タイトル	96
他者との共感	141
ダブリ・モレ・ズレ	111
中止法	27
超要約技術	96
伝わる日本語文章	i, v, 14, 139
伝わる文章	i
「で」	21
定性的な形容詞・副詞	8
定量的な記述	8
データ	65
転	106
統一性	128
統一性、大きなレベルの	129
トゥールミン	65
読点	41, 45
読点の打ち方	45
トピック文	59, 92

■な行■

内容レベルの統一	129
二重否定	37
「の」	17
「の」の連続	18
能動	36

■は行■

「は」	21
「はい」「いいえ」	99
パラグラフ	56
パラグラフの組み立て方	56
ビジネス文章	i
ビジュアライゼーション	128
被修飾語	39

否定	37
表	125, 132
表番号	126
フォント	132
部分否定	38
振り返り	141
プレゼンテーション	99, 102, 122, 127, 128
文書	120
文章	120
文章の大分類	i
文章の内容	87
文章の目的	86
文書のレイアウト	131
文と文との関係	73
文と文とのつながり	76
文は短く	27, 30, 31, 34
文末の埋め草	34
並列構造	113
補助的な語句	14
ホワイトペース	131

■ま行■

見出し	57, 96, 126, 127
メールの書き方	112
目標規定文	87, 97
「もの」	7
問題提起-本論-結論	104

■や行■

「ように」	38
読み手	10
読み手が理解できる語	9
読む	141
「より」	21

■ら行■

レイアウト	131
レポート・論文	i
論拠	65

著者略歴

阿部圭一（あべ けいいち）

1968年 名古屋大学大学院博士課程了、工学博士。
静岡大学、愛知工業大学を経て、現在はフリー。静岡大学名誉教授。
著書『明文術　伝わる日本語の書きかた』（NTT出版）ほか。
専門は情報学、情報教育。

冨永敦子（とみなが あつこ）

2012年 早稲田大学大学院博士課程了、博士（人間科学）。
公立はこだて未来大学 システム情報科学部 教授。
著書『わかりやすく説明する技術』（綿井雅康との共著）（実業之日本社）ほか。
専門は教育工学。

「伝わる日本語」練習帳

©2016　Keiichi Abe　Atsuko Tominaga　　　Printed in Japan

2016年 12月31日　初版第1刷発行
2022年　2月28日　初版第6刷発行

著　者　阿　部　圭　一
　　　　冨　永　敦　子
発行者　大　塚　浩　昭
発行所　株式会社 近代科学社
〒101-0051 東京都千代田区神田神保町1-105
https://www.kindaikagaku.co.jp

中央印刷　　ISBN978-4-7649-0455-2
定価はカバーに表示してあります。